LA VENGEANCE DE L'ORDINATEUR

ILLUSTRATION DE COUVERTURE
MATTHIEU BLANCHIN

ZONE D'OMBRE

LA VENGEANCE DE L'ORDINATEUR

J. R. BLACK

TRADUIT DE L'AMÉRICAIN
PAR YANNICK SURCOUF

Deuxième édition

PASSION DE LIRE
BAYARD POCHE

Titre original
Revenge of the Computer Phantoms

Loi n° 49 956 sur les publications destinées à la jeunesse
Dépôt légal septembre 1997

ISBN : 2 227 72966 X

En guise d'apéritif...

Mike,
Comme promis, je te donne cette disquette, mais à ta place, j'éviterais ce jeu. Il prend la tête... littéralement. C'est une copie pirate et quelque chose n'est pas clair. Je n'ai jamais pu dépasser le niveau 3 (La quête de la montagne) sans être obligé d'escalader le toit de ma maison. Ce jeu est obsédant. On ne peut pas en sortir sans qu'il arrive une catastrophe. Je le tiens d'Éric Gottlieb, et tu sais ce qui lui est arrivé... Éric prétend que le progamme est contaminé. Moi, je dis que ce jeu est maudit. Crois-moi, Mike. Ce n'est pas un jeu, c'est l'enfer !

Harry

1

L'ATTAQUE DES COCONS MUTANTS

Les secondes défilaient à toute vitesse.
Le ciel pleurait des cocons mutants qui explosaient sur le sol, libérant de petits monstres mauves qui s'éparpillaient dans tous les sens avec une curieuse démarche de pingouin. Mais, contrairement à des pingouins, ces bestioles ailées vous pulvérisaient en un clin d'œil, avec leur rayon de la mort !
Ils m'entouraient, petit à petit.
Je tirai en rafale, arrosant tout sur mon passage.
J'explosai un cocon. Plus que cinq.
J'envoyai une autre salve. Ma réserve de munitions était presque vide. Les rayons de la mort grignotaient peu à peu le cratère où j'avais trouvé

refuge. J'étais dans une très mauvaise position... Heureusement, j'avais gardé un missile en cas d'urgence. C'était maintenant ou jamais !

J'allais tirer quand une main s'abattit sur mon jeu électronique et me replongea brusquement dans la triste réalité... du cours de maths.

– Hé ! protestai-je.

Trop tard, les bestioles venaient de m'anéantir dans l'hyper-espace ! *Game over* !

– J'ai perdu à cause de vous ! m'indignai-je.

La créature aux lunettes rondes esquissa un sourire mauvais. Aïe...

– Vous êtes censé faire votre exercice d'algèbre, dit-elle, glaciale.

Un silence pesant planait sur la salle. Tous les regards étaient posés sur moi. Les élèves de ma classe attendaient ma mise à mort.

– Je l'ai terminé, Madame, dis-je en présentant mon cahier.

– Dans ce cas, vous devriez travailler sur celui de demain...

Mme Fernandez ouvrit sa main, paume ouverte.

– Remettez-moi votre console.

Je la serrai contre moi.

– Non, s'il vous plaît, Madame Fernandez ! J'ai terminé mon exercice, vous savez. Et puis, les jeux électroniques ont un caractère éducatif, tout le monde le dit. Mais, si vous voulez, je ne l'utiliserai plus dans votre classe, c'est promis..., plaidai-je vivement.

– C'est la troisième fois en une seule semaine, trancha-t-elle. Donnez-la-moi immédiatement !

C'était la défaite. Elle regagna son bureau avec ma console de jeux. J'aurais aimé avoir un rayon laser pour la transformer en poussière galactique. Cela aurait résolu tous mes problèmes.

Dylan O'Dell, le lèche-bottes qui est assis devant moi, se retourna avec une grimace narquoise.

– Je savais bien que tu allais te faire attraper, chuchota-t-il.

À deux rangs de là, Ben Huxley roula des yeux et se caressa le haut de son crâne rasé. Ben est afro-américain et c'est mon meilleur copain. Mme Fernandez nous sépare toujours. Ben prétend que la réunion de nos pouvoirs mentaux porterait atteinte à son autorité. Mon explication est plus simple : c'est parce que nous parlons trop.

La sonnerie retentit enfin et tout le monde quitta la salle. J'allai jusqu'au bureau de Mme Fernandez pour récupérer ma console, mais elle l'avait déjà rangée dans son cartable.

– Ne comptez pas la revoir avant une bonne semaine, déclara-t-elle.

– S'il vous plaît, Madame ! suppliai-je tandis

qu'elle s'éloignait. Toute une semaine ? Sept jours ?
Elle me lança un regard sombre par-dessus ses lunettes.
– Je peux aussi la garder quinze jours si vous préférez...
Inutile d'insister. Je regagnai ma place en soupirant et ramassai mes affaires.
– P. P., dit Ben en me tendant mon cahier.
– Traduction ?
– Peine perdue... (Ben a la manie de s'exprimer par abréviations.) Je t'avais prévenu de ne pas te frotter à Mme Fermentée. C'est une P. R., une psycho-rigide. Allez, souris, Mickey !
En fait, je m'appelle Mike. Mes parents mis à part, Ben est la seule personne qui puisse m'appeler Mickey sans craindre de sévères représailles.
– Oublie donc cette console, reprit-il. Tu y passes trop de temps. Il y a une vie en dehors de l'écran, au cas où tu ne le saurais pas...
Il avait sûrement raison. Mais je trouvais la console beaucoup plus excitante que tout ce qui pouvait se passer au collège de Woodmont.
– Ce n'est pas ma faute si cet endroit m'ennuie à mourir ! répliquai-je.
– Arrête de te plaindre et allons-y. Nous devons

être chez Vickie à trois heures et demie. Tu t'en souviens ?
Vickie Goldberg était le troisième membre de notre groupe de sciences. J'avais totalement oublié que nous devions travailler sur notre projet cet après-midi.
– J'ai mon club d'informatique, Ben.
Il haussa les épaules :
– Laisse tomber pour une fois. On doit avancer le devoir de géologie, et la mère de Vickie accepte qu'on construise la maquette de volcan dans son garage.
– Dis-lui que nous irons un autre jour. Harry a promis de me donner une copie de *La quête des fantômes* aujourd'hui.
Ben me secoua par le bras :
– Tu verras ça demain. Tout ce que tu fais dans ce club, c'est fixer un écran.
– Hé ! Laisse-moi souffler, protestai-je. D'abord la mère Fernandez, ensuite toi ! Il n'y a donc personne dans cet univers qui se soucie de ce que je veux faire ?
Ben secoua la tête.
– D'accord, d'accord, soupira-t-il. Mais ne viens pas te plaindre si tu te ramasses un zéro pointé en sciences.
Il s'éloigna sans même m'accorder un regard. Je

me sentis mal. Mais nous avions encore quinze jours avant de remettre le projet de géologie. J'étais sûr qu'ils allaient passer l'après-midi à bavarder sur des sujets sans intérêt.

Quand j'entrai dans la salle des machines, Harry n'était pas à son poste. En fait, seuls quelques membres étaient présents. Sans doute était-ce à cause de la pluie torrentielle qui fouettait les vitres. J'allai m'asseoir.

– Dommage pour Harry, lança le garçon à côté de moi.

C'était John Miluski, un autre mordu de jeux électroniques. Avec ses longs cheveux frisés comme ceux des hommes à la cour de Louis XIV et son nez pointu, John me faisait penser à un caniche.

– Qu'est-ce que tu veux dire ? demandai-je.

– Tu n'es pas au courant ? Harry est tombé de son toit ce matin. Il a atterri sur le bitume devant son garage. Résultat des courses : une jambe cassée. Il est à l'hôpital.

Je sursautai.

– Que faisait-il sur son toit ? m'exclamai-je.

John haussa les épaules d'un air fataliste.

– Va savoir... Il était bizarre depuis quelque temps. Il a dû disjoncter...

John retourna à son écran. Un éclair déchira le ciel. Je glissai une disquette dans l'ordinateur et lançai le programme, la mort dans l'âme. J'allais devoir jouer à *L'invasion des rats* pendant quelques semaines encore.

– Excuse-moi de te déranger...

C'était M. Norman, le grand maître des machines qui supervisait le club.

C'est un homme pâle et légèrement bedonnant. Pour masquer sa calvitie naissante, il remonte ses cheveux blonds et maigres sur son crâne. M. Norman compte parmi les professeurs les plus sympathiques du collège.

Je me tournai vers lui :

– Qu'est-ce qu'il y a ?

Il me tendit une enveloppe brune :

– La mère de Harry a déposé ceci dans mon casier. C'est pour toi.

Je déchirai l'enveloppe immédiatement, sans attendre que M. Norman ait regagné son bureau. Elle contenait une disquette et un mot.

La quête des fantômes ! Jambe cassée ou pas, ce brave Harry avait tenu parole ! Je dépliai son mot. C'était écrit d'une main tremblante.

Mike,

Comme promis, je te donne cette disquette, mais, à ta place, j'éviterais ce jeu. Il prend la tête... lit-

téralement. C'est une copie pirate et quelque chose n'est pas clair. Je n'ai jamais pu dépasser le niveau 3 (La quête de la montagne) sans être obligé d'escalader le toit de ma maison. Ce jeu est obsédant. On ne peut pas en sortir sans qu'il arrive une catastrophe. Je le tiens d'Éric Gottlieb, et tu sais ce qui lui est arrivé... Éric prétend que le programme est contaminé. Moi, je dis que ce jeu est maudit. Crois-moi, Mike. Ce n'est pas un jeu, c'est l'enfer !

Harry

2

LA MALÉDICTION DU FANTÔME

J'avalai avec peine. Pourquoi Harry cherchait-il à m'effrayer ?
Était-ce une blague ? Dans ce cas, elle était d'un goût douteux, surtout venant de la part de quelqu'un qui était immobilisé à l'hôpital. Et puis, Harry n'avait pas l'habitude de plaisanter. Depuis le début de l'année je ne l'avais jamais vu sourire.
Je savais ce qui était arrivé à Éric. Tout le monde était au courant. Il avait failli mourir noyé. L'accident avait même fait les gros titres du journal local.
À cette époque, personne n'avait pu expliquer ce qui s'était passé. Mais il n'avait jamais été ques-

tion d'une malédiction provoquée par un jeu électronique.
C'était simplement la malchance. De toute manière, Éric ne pouvait pas jouer en nageant.
La disquette paraissait normale. Je ne pouvais croire qu'un programme soit maudit.
La quête des fantômes. Enfin ! Depuis le temps que je l'attendais !
Je lançai le programme. Une phrase apparut sur l'écran : « *Êtes-vous prêt à commencer la quête ?* » Je cliquai sur OUI.
Un éclair jaune et bleu dessina les mots *La quête des fantômes* et je pénétrai au niveau 1. « L'épreuve de l'eau ». Je devais récupérer un trésor au fond de l'océan tout en évitant les assauts de plongeurs fantômes.
– C'est quoi ? demanda John en se penchant pardessus mon épaule.
– Un nouveau jeu, répondis-je, concentré.
– *La quête des fantômes* ? Mon cousin l'a.
Je hochai la tête, les yeux rivés sur l'écran.
– Original ou pirate ?
– À ton avis ? répondis-je, narquois.
– Alors fais attention, la disquette est peut-être infectée.
– Je sais, marmonnai-je.
Il y a toujours le risque qu'une copie pirate soit

contaminée. Certains programmeurs s'amusent à créer des virus qui détruisent les fichiers de l'ordinateur. Tout le monde en a entendu parler, mais je n'avais jamais été confronté à ce problème jusqu'ici.

Je progressai facilement au niveau 1. Mon personnage avait trouvé une coquille géante qui lui servait de bouclier contre les missiles des fantômes. Je venais de dépasser la zone dangereuse. La voie était libre. Je plongeai jusqu'au coffre et touchai la clé. Le couvercle s'ouvrit, libérant le trésor.

« *Vous avez remporté la première épreuve.* »

– Ouais ! m'écriai-je, tandis qu'un flot de joyaux et de pièces d'or envahissait l'écran.

– Bonne chance, dit John. Mon cousin n'a jamais pu dépasser le niveau 2.

– Il n'a peut-être pas beaucoup insisté...

– Au contraire...

John resta silencieux pendant un long moment :

– Il est resté dessus jour et nuit... jusqu'à ce qu'il soit enterré vivant.

– Quoi ?

Je me tournai vers John, interloqué :

– Tu plaisantes !

John me fixa d'un air triste :

– J'aimerais bien... C'est arrivé sur un chantier.

Il est tombé dans un trou de fondation et un bulldozer a commencé à le remplir de terre. Il se souvient qu'un fantôme l'a entraîné au fond du trou. Un fantôme semblable à ceux du niveau 2...
– Charmant... Comment s'en est-il sorti ?
– Quelqu'un l'a vu tomber. Mon cousin a abandonné le jeu après ça. Il dit que plus jamais il n'utilisera de versions pirates... Bizarre, hein ?
Je réprimai un frisson. C'était la troisième histoire sordide que j'entendais aujourd'hui. Mais comment tous ces accidents pouvaient-ils avoir un lien avec un jeu électronique ?
J'allais interroger John, mais il se dirigeait déjà vers la sortie. Je retournai à mon écran au moment où débutait le niveau 2. À peine avais-je touché le clavier qu'une main squelettique se refermait sur la cheville de mon héros. Le décor s'effondra sur lui, l'enterrant vivant.
« *Vous êtes mort !* » annonça l'écran.
Je relançai le niveau 2, envahi par un curieux pressentiment.
Mon héros était maintenant un mineur. Il devait creuser un tunnel tout en évitant les fantômes qui cherchaient à l'attirer vers le centre de la Terre. Concentré à l'extrême, je n'entendais plus les rires et les discussions de la salle. Soudain, à mi-parcours, l'écran devint noir.

– Oh non ! grognai-je.
Je lançai un programme de diagnostic pour vérifier l'état de la disquette : deux sections étaient endommagées.
Il me fallait copier le programme de jeu sur le disque dur de l'ordinateur avant de le transférer sur une disquette neuve.
Je regardai tout autour de moi pendant que s'exécutait la copie. M. Norman consultait des documents à son bureau. Les autres membres du club s'apprêtaient à partir. Personne ne faisait attention à moi.
Au-dehors, la pluie tombait abondamment. La copie effectuée, je recommençai à jouer. Il était l'heure de rentrer à la maison, mais ce jeu m'obsédait déjà. Je serais le premier garçon de Woodmont, Illinois, capable de franchir tous les niveaux. Et je n'aurais pas besoin d'inventer des histoires insensées pour expliquer ma défaite !
Cette fois-ci, j'atteignis le niveau 3, « l'épreuve de la montagne ». Mon héros venait juste de propulser un fantôme dans le vide quand M. Norman s'adressa à moi :
– Je reviens dans une minute, Mike. Je vais chercher des formulaires au bureau.
Je hochai la tête sans quitter l'écran des yeux. Je devais rester concentré. Mon héros escaladait

une paroi abrupte et des hordes de fantômes voletaient autour de lui, cherchant à provoquer sa chute.

J'arrivai enfin au sommet de la montagne. À l'instant où je plantais mon fanion dans la neige, un bref message illumina l'écran : *« Jolie grimpette, Mickey ! »*

Quoi ? Était-ce bien mon nom qui s'était inscrit ?

Le message avait à peine duré une demi-seconde. Non... C'était sans doute mon imagination qui me jouait des tours.

Un éclair déchira le ciel et quatre fantômes encapuchonnés de noir apparurent à l'écran.

Wouaouh ! j'étais devant la cité de l'horreur de la mort...

Les fantômes étaient ceux qui me poursuivaient depuis trois niveaux. Ils avaient l'air plutôt inquiétants. L'un après l'autre, ils repoussèrent la capuche qui masquait leurs traits.

Le tonnerre fit trembler les vitres de la salle et la pluie redoubla de violence.

« Sélectionnez votre gladiateur pour livrer le premier combat. »

– Vraiment, on ne sait pas lequel choisir..., ironisai-je.

Il y avait là une montagne de muscles aux cheveux blonds, une brute au crâne rasé qui semblait moulée dans du caoutchouc. À ses côtés se tenait un homme en acier. Le quatrième était une femme au sourire cruel.

Le monde extérieur n'existait plus : j'étais vraiment au niveau 4 ! Je devais choisir mon héros pour affronter les trois autres dans un tournoi de gladiateurs. Je sélectionnai le grand blond qui répondait au doux nom de Thor.

Le premier affrontement s'appelait « la toile d'araignée ». Il fallait que Thor atteigne le sommet de la toile en évitant les attaques de ses adversaires qui cherchaient à le déloger. Ce fut assez facile.

Le deuxième tournoi se déroulait sur une piste de bowling. Les fantômes envoyaient d'énormes boules noires, et Thor bondissait dans tous les sens pour les éviter. Les projectiles partaient à un rythme effréné. À droite de l'écran, une horloge marquait le temps écoulé. Mon gladiateur devait rester debout pendant trente secondes... C'était long.

Je tapai comme un forcené sur les touches du clavier quand un nouvel éclair embrasa le ciel. La déflagration fut si forte que j'en sursautai. Tout s'éteignit...

– Oh non ! protestai-je.

C'était bien ma veine...

Je reculai mon siège. Si la coupure d'électricité devait s'éterniser, autant que je rentre chez moi. Les lampes de secours s'allumèrent au-dessus des portes, diffusant une lumière blafarde. Soudain, des volutes de fumée s'élevèrent du moniteur et l'écran prit une couleur rougeâtre étrange. Mon pouls s'accéléra. Et si un virus était en train de tout détruire ?

Un nuage opaque apparut et les visages des quatre fantômes se dessinèrent l'espace d'un instant. Bizarre...

La fumée tourbillonna et forma la tête de Thor, le gladiateur que j'avais choisi. Je distinguai nettement son épaisse chevelure blonde, son regard bleu acier et sa mâchoire carrée, bloquée en un rictus permanent. L'image était parfaitement nette, en couleur et en trois dimensions.

J'étais en plein délire.

Hélas non ! Le fantôme se matérialisait... La fumée se condensait pour former une montagne de muscles ! Grognant sous les efforts, il s'extirpait de l'écran.

Thor entrait dans la réalité, là... devant moi !

3

FOUDROYÉ !

J'aurais voulu hurler, mais aucun son ne sortit de ma bouche. Comment un fantôme pouvait-il jaillir d'un ordinateur ?
Quel sort allait-il me réserver ? M'enterrer vivant ? Me jeter du sommet d'un immeuble ?
Que pouvais-je faire ?
La solution m'apparut alors comme une évidence. Je devais couper le contact. Thor sortait déjà une jambe de l'écran de fumée.
Je fis lentement glisser ma chaise vers l'ordinateur et écrasai ma main sur l'interrupteur.
L'écran émit un flash avant de devenir noir. Malheureusement, le gladiateur fantôme continuait de grandir.

De toute évidence, il possédait sa propre source d'énergie. Soudain, Thor me désigna de ses doigts monstrueux et un éclair bleu explosa contre ma poitrine ! Blamm !
Je hurlai de douleur. La force de l'impact m'envoya glisser avec ma chaise à l'autre bout de la salle. Il m'avait électrocuté !
J'ôtai mes lunettes pour essuyer les larmes qui noyaient mes yeux. Quand je les remis, Thor avait achevé de se matérialiser. D'un bond prodigieux, il atterrit en face de moi faisant trembler le sol.
Il portait une tenue de lutteur d'un rouge criard, très moulante. Un éclair scintillant zébrait sa poitrine. Sur sa tête était posée un casque viking avec des cornes. Ses mâchoires carrées le faisaient ressembler à un bouledogue.
Il regarda autour de lui et déclara :
– C'est donc ça la réalité ? Pas mal...
– Que faites-vous ici ? articulai-je d'une voix étranglée.
– Je suis venu pour toi ! grogna-t-il.
Il me toisa de pied en cap avec un air dégoûté.
– Tu n'es qu'un jeune gringalet ! Enfin, qu'importe, tu connais le jeu... Alors tu vas jouer... éternellement !
Je reculai, mal à l'aise.

C'était sûr, j'allais faire les gros titres de la presse locale : UN ÉLÈVE ÉLECTROCUTÉ DANS LA SALLE D'INFORMATIQUE.

– Que voulez-vous dire ? Vous allez me tuer ?

– Non, ce serait trop simple, répondit-il avec un sourire sardonique. Je te réserve un sort plus amusant. Tu vas jouer, nabot... Encore et encore.... Jusqu'à ce que...

– Jusqu'à ce que quoi ?

Mon instinct me dictait de fuir, mais la peur me coupait les jambes. D'ailleurs, il pouvait me pulvériser d'un simple éclair !

Thor bondit sur un bureau, expulsant le clavier qui s'y trouvait d'un coup de pied.

– Où sont donc les autres ? demanda-t-il en balayant la salle d'un regard farouche.

– Les autres ?

– Oui, les autres ! gronda-t-il. L'Exterminateur, Siréna, Mongo !

Comme je ne répondais pas, il s'élança vers moi :

– Les autres gladiateurs ! Où sont-ils ? Tu connais le jeu, oui ou non ?

– Je ne l'ai que depuis une heure, haletai-je tandis qu'il m'empoignait par le col.

Ce n'était pas le moment de le contrarier : il pouvait très bien me fracasser contre le mur.

– Mais j'apprends très vite ! m'empressai-je d'ajouter.
– Pas assez vite. Je suis venu t'apprendre qu'il est dangereux d'utiliser des jeux piratés.
Il me souleva de terre comme une plume et me hissa à hauteur de son visage.
– Tu n'es qu'un nabot ! Un gnome ! railla-t-il.
– Vous avez totalement raison, acquiesçai-je. Je suis un nain de jardin, un nul en gym... indigne de vous. Il vous faut un adversaire à votre taille..., un gars costaud. Pourquoi ne retournez-vous pas dans l'ordinateur en attendant de trouver un meilleur spécimen ?
– Ne cherche pas à te défiler ! hurla-t-il.
Thor me redéposa sans ménagement sur ma chaise et me poussa devant l'ordinateur. Il le remit en marche.
– Allez... Joue ! grogna-t-il.
– Maintenant ?
C'était bien la dernière chose qui me serait venue à l'esprit !
– Joue ! répéta-t-il.
Il se passa alors une chose étrange. Mes mains s'approchèrent lentement du clavier et je me mis à tapoter sur les touches. Mais je ne contrôlais rien ! Une force étrangère s'était emparée de moi. Je jouais contre ma volonté !

– Voilà qui est mieux ! dit-il, penché sur mon épaule.
Je serrai les dents pendant que mes mains pianotaient à une vitesse folle.
– Qu'allez-vous faire de moi ? soufflai-je.
– Tais-toi et joue !
J'atteignis rapidement le niveau 4. Thor se rapprocha de l'écran.
– Attends une seconde..., ordonna-t-il.
Trois silhouettes encapuchonnées apparurent alors. Quand elles dévoilèrent leur visage, Thor laissa échapper un rire sonore.
– Ils sont encore là ! C'est parfait !
Il leur adressa un petit signe de la main.
– Salut, les minables ! Moi, je suis dehors !
Manifestement, il n'était pas en meilleurs termes avec les autres fantômes... Je n'eus pas le temps de réfléchir à la question, mes doigts reprirent leur danse frénétique sur le clavier. Mes muscles devenaient douloureux...
– Comment puis-je m'arrêter ? demandai-je. J'ai des crampes...
– T'arrêter ? Tu plaisantes ! Ce n'est pas autorisé... Concentre-toi.
Il désigna l'écran. Siréna bondissait dans tous les sens pour éviter les énormes boules noires qui menaçaient de l'écraser.

– Siréna ne saute pas assez haut, commenta-t-il.
À l'instant où il parlait, une boule la percuta de plein fouet et je perdis une vie.
– Ah ah ! Elle n'a pas mon agilité !
Bientôt ce fut « l'épreuve du pendule ». Un gladiateur se balançait au bout d'une corde pendant que les autres lui tiraient dessus. Je choisis Mongo. Thor fronça les sourcils.
– Ne le sélectionne jamais. Il manque d'endurance... Il ne tiendra pas longtemps...
Il avait raison : en moins de quinze secondes, les autres fantômes l'avaient touché. Il s'écrasa au sol comme une pizza.
Malgré la douleur qui me tétanisait, je repris le jeu au niveau 4, à « l'épreuve de la toile d'araignée ». Cette fois, je choisis l'Exterminateur.
– Il est beaucoup trop lent, déclara Thor en secouant la tête.
En effet, les deux fantômes fondirent sur lui en l'espace d'une seconde...
– L'Exterminateur est exterminé...
Thor semblait ravi de l'échec de ses acolytes. Cela prouvait sans doute qu'il était le meilleur...
La douleur dans mes bras devint insupportable.
– Je dois m'arrêter, grimaçai-je. S'il vous plaît...
– Tu joues ou tu paies..., déclara Thor, en me

soulevant jusqu'à lui. Si tu arrêtes, il te faudra payer le prix.

– Pas de problème, dis-je. Je n'ai pas beaucoup d'argent sur moi, mais j'ai une petite cagnotte dans ma chambre...

Thor éclata de rire et me secoua comme un prunier :

– Qui parle d'argent ? Tu n'as pas encore compris la malédiction ? Tu vas payer avec des larmes de douleur !

4

LE BROUILLARD VERT

– Non ! criai-je.

Je me débattis furieusement, mais cette brute de Thor ne voulait pas lâcher prise. Je fermai les yeux, m'attendant au pire.

Soudain, je retombai lourdement sur le sol. J'attendis un instant avant d'oser ouvrir un œil. Tout était sombre, silencieux. Je dressai l'oreille. Que s'était-il passé ?

Le carrelage était froid sous mes paumes. Le calme régnait aux alentours... Je me trouvais encore en salle d'informatique. Il y avait sans doute eu une nouvelle panne d'électricité.

Une nappe de brouillard vert stagnait à quelques centimètres du sol, là où se trouvait Thor un peu

auparavant. Ainsi donc, son apparition était en rapport avec l'orage qui grondait au-dehors.
Je rampai vers l'écran. D'une main tremblante, j'éjectai la disquette et éteignis l'ordinateur. Ah ! Ah ! Balayé le Thor ! Court-circuité ! L'orage pouvait bien éclater de nouveau, le jeu n'était plus chargé...
– Mike ?
Je courbai l'échine avant de comprendre qu'il s'agissait de M. Norman. Il se tenait à l'entrée de la salle, une lampe-torche à la main.
– Tout va bien ? demanda-t-il.
– Oui, mentis-je.
– Apparemment, un éclair a heurté les lignes. Tu devrais rentrer.
– J'y vais ! m'écriai-je.
Je glissai rapidement la disquette dans mon sac et ramassai le clavier que Thor avait jeté à terre. Je n'étais pas fâché de retourner à la maison.

Je tremblais encore comme une feuille en montant sur ma bicyclette.
Tout en battant des records de vitesse, je repensais à ma sinistre mésaventure. Avais-je vraiment mis fin à la malédiction ? J'avais constaté que la salle était totalement vide quand M. Norman l'avait éclairée de sa lampe.

« Pourvu qu'il ne revienne pas », espérai-je en déposant mon vélo dans le garage.
– Tu es trempé ! s'exclama ma mère en me voyant entrer.
Que croyait-elle ? C'était le déluge dehors !
– Ôte tes chaussures et sèche tes cheveux, dit-elle en me lançant une serviette.
J'enfouis mon visage dans le linge propre et parfumé avec un soupir de soulagement. J'étais à la maison, au sec et en sécurité. Le fantôme du niveau 4 ne viendrait pas me hanter ici...
Après le dîner, je m'efforçai d'oublier toute l'affaire en me lançant à corps perdu dans mes devoirs. Comme par hasard, mon chapitre de science traitait des phénomènes électriques...
J'éprouvai une étrange démangeaison à l'endroit où Thor avait projeté son éclair. Je soulevai mon pull et découvrit... une brûlure rougeâtre qui zébrait ma poitrine !
Je n'avais pas rêvé. Thor était réel !
Je ne pouvais pas attendre le lendemain pour en parler à Ben. Je me précipitai sur le téléphone et lui racontai toute l'histoire.
– ... Alors il m'a empoigné par le col et m'a soulevé dans les airs !
– Laisse tomber, Mickey ! trancha-t-il. Je n'y crois pas une seule seconde...

Je me mordis la lèvre. C'était bizarre, j'en convenais, mais Ben était mon meilleur ami. Il devait me faire confiance.
– Je t'assure, Ben. C'est la réalité... J'ai même une marque...
– Je t'ai toujours dit que ce club d'informatique ne valait rien, reprit-il. Alors ne cherche pas à m'appâter avec une sombre histoire de malédiction. Tu me crois naïf ou quoi ?
J'entendis un clic... Mon meilleur ami venait de me raccrocher au nez !
Je regagnai ma chambre, la mort dans l'âme. J'enfilai mon pyjama et me glissai sous les couvertures. Demain, je montrerais ma brûlure à Ben... Il serait bien obligé de me croire.
Je me tournai sur le côté en poussant un profond soupir. C'était vraiment une sale journée...
J'étais exténué et m'endormis rapidement. Je rêvai que des monceaux de terre noire me recouvraient peu à peu. J'étouffais, enterré vivant ! Alors, une main fantomatique se referma sur ma cheville !
Je me réveillai en sursaut, tremblant et couvert de sueur. Hélas, le cauchemar n'était pas terminé ! Le brouillard vert flottait au-dessus de moi ! Opaque et étouffant ! Thor était là ! Il m'observait à travers la brume !

5

UNE FRITURE D'OREILLER

Je retins un hurlement et me frottai les yeux avec l'espoir de rêver encore. Il n'en était rien. Le fantôme était plus réel que jamais.

– Debout, la mauviette ! gronda Thor.

J'allai me blottir contre ma tête de lit. Le fantôme se rapprocha davantage.

– Tu as peur ?

Peur ? Non ! J'étais plutôt terrorisé !

– Comment es-tu arrivé ici ? murmurai-je. Il n'y a plus d'éclairs ni de tonnerre...

– L'orage n'y est pour rien ! déclara-t-il.

– Alors, comment as-tu fait ? Mon ordinateur n'est même pas allumé !

– Petit détail technique sans importance... En

fait, j'en avais assez de jouer encore et encore la même partie. Alors quand tu es entré dans la Zone d'ombre, tu m'as donné le moyen de m'enfuir, Mickey.

– La Zone d'ombre ? Je ne suis jamais entré dans une zone, protestai-je. J'ai joué, c'est tout.

– Oui, mais le jeu était devenu ta réalité. Ton esprit naviguait sans cesse entre le réel et l'imaginaire... et c'est là que se situe la Zone d'ombre. Prêt pour une nouvelle partie, Mickey ?

Pendant qu'il parlait, j'évaluai la distance qui me séparait de la porte de ma chambre. Avais-je seulement une chance de lui échapper ?

– *La quête des fantômes*, c'est fini pour moi, répondis-je. Je n'ai plus aucune envie d'y jouer.

– C'est ce que tu crois...

Il me toisa d'un œil mauvais et tendit le bras...

– Hé ! On ne me rôtit pas deux fois !

Je parai l'attaque avec mon oreiller. Une traînée d'étincelles jaillit de ses doigts, creusant un trou de la taille d'une soucoupe dans mon polochon ! Les plumes voletèrent. Une affreuse odeur de grillé me fit tousser.

– Arrête ! Comment veux-tu que je joue si tu me carbonises !

Les mains sur les hanches, il me regardait comme si je parlais une langue étrangère. Puis il s'empara de ma cheville et me tira hors du lit. Je retombai lourdement sur le plancher. J'eus à peine le temps de me relever qu'il me poussait à travers la chambre !

– Où allons-nous ? m'écriai-je.

– Jouer !

Il me déposa sans ménagement sur la chaise de mon bureau et désigna mon ordinateur.

– Allez ! Joue ! ordonna-t-il.

– Impossible ! mentis-je. Je... j'ai laissé le jeu à l'école.

Il fourragea dans mon sac et sortit la disquette. Quand il se retourna vers moi, ses yeux lançaient des éclairs.

– Et ça, c'est quoi ?

– C'est une copie, soupirai-je. Mais le disque est endommagé.

– Joue ! hurla-t-il à en faire trembler les murs.

Je pris mes lunettes et les ajustai. Thor était dix fois plus impressionnant, maintenant qu'il apparaissait nettement !

Je regardai le cadran de mon réveil. Trois heures du matin ! Je n'avais pas la moindre envie de subir à nouveau la malédiction. Mais comment refuser quoi que ce soit à un gladiateur de deux tonnes ?

– Avant de commencer, pourrai-je poser quelques questions ? demandai-je innocemment. Une curieuse démangeaison parcourait de nouveau mes doigts. D'une minute à l'autre, ils seraient animés d'une vie propre.

– Es-tu celui qui lance la malédiction ? Je veux dire... As-tu jeté Harry du haut de son toit ? As-tu noyé Éric ?

– Joue ! s'écria-t-il.

S'il continuait à hurler comme un possédé, il allait réveiller mes parents. Ils arriveraient bientôt et ils renverraient Thor au niveau 4... ou tout du moins, ils l'expulseraient de la maison.

En attendant ma libération, je devais composer avec ce mastodonte.

Mes mains se dirigeaient vers le clavier. Une fois encore, Thor contrôlait mes mouvements.

– Parle-moi de la malédiction... Des autres enfants...

– Ils ont utilisé la disquette piratée...

Thor désigna le fond des océans du niveau 1.

– Éric a perdu à ce niveau, alors il s'est noyé. Mais, apparemment, il avait une seconde vie...

– Les sauveteurs l'ont ranimé, commentai-je. Et Harry ? Et le cousin de John ? Est-ce toi qui les as blessés ?

– Les autres fantômes s'en sont occupés. Tu es ma première mission en solo, Mickey. C'est

même la première fois que je sors de la boîte...
« Super ! pensai-je, sarcastique. J'ai droit à un monstre débutant... »
– C'est Siréna qui a entraîné le garçon dans la fosse, poursuivit-il.
– Qui a eu l'idée de toutes ces horribles tortures ? demandai-je.
Thor haussa les épaules :
– Nous faisons en sorte que la punition corresponde à la faute commise. Harry a raté le niveau 3. Mais comme nous n'avions pas de montagne sous la main, Mongo l'a forcé à escalader le toit de sa maison. Ton ami ne s'en est pas trop mal sorti, vu sa chute. Ils ont tous eu de la chance... Ils sont encore en vie.
Il esquissa un sourire menaçant :
– Tu ne seras peut-être pas aussi veinard, Mickey.
Je me tournai vers lui en frissonnant :
– Que... que vas-tu me faire ?
– Rien... si tu continues à jouer... Autrement, je verrai en fonction de ton niveau. Tu es au quatrième ? Un combat de gladiateurs pourrait être amusant. Mais une mauviette dans ton genre n'aura guère de chances...
Mes doigts dansaient sur le clavier. Il était trois heures du matin et je tombais de fatigue. Com-

ment me débarrasser de ce fantôme grimaçant qui me soufflait dans la nuque ?
Épuisé, je fixais l'écran tel un zombie quand la porte de ma chambre s'ouvrit en grinçant.
Mon père se tenait sur le seuil, les cheveux en bataille, sa robe de chambre jetée sur ses épaules.
Il resta un instant interloqué, avant de se mettre à hurler :
– Mike ! Que fais-tu debout à cette heure ?

6

TOUT VA MAL !

– Papa !

C'était un réel soulagement de le voir ! Il allait mettre fin à la malédiction et me débarrasser de cet encombrant fantôme !

Bizarrement, il ne fit aucun commentaire.

– Mike, j'attends des explications...

Je me tournai vivement vers lui et réalisai que Thor avait disparu !

– Je... j'étais endormi et...

Je m'arrêtai net en apercevant Thor. Il était là ! Aplati contre la porte de mon armoire. Il ressemblait à une affiche, mais il pouvait à tout instant reprendre du volume !

– C'est lui ! m'exclamai-je en désignant la porte.

Il m'a réveillé ! Il est sorti d'un jeu électronique... et il me rend dingue ! Papa, débarrasse-m'en, s'il te plaît !

Mon père fronça les sourcils :

– Mike, ce n'est pas l'heure de plaisanter...

– Mais je suis sérieux ! répliquai-je d'une voix blanche. J'ai besoin de ton aide !

Mon père toucha mon front, l'air préoccupé :

– Tu as de la fièvre ? Tu te sens mal ?

– Non, ça va...

Je lançai un regard en direction du fantôme plaqué contre mon armoire. J'aurais voulu crier, mais c'était inutile. Papa ne me croirait pas...

– Va te coucher, soupira mon père. Tu passes trop de temps devant cet ordinateur. Ta mère est inquiète, tu sais.

J'éteignis la machine et retournai dans mon lit. Il vint s'asseoir à côté de moi sans prêter attention à mon oreiller calciné.

– Un garçon de ton âge a besoin de prendre l'air et de faire du sport. Pour les quinze jours à venir, je vais limiter ton accès à l'ordinateur...

– Papa ! protestai-je.

– Pas plus d'une demi-heure par jour. Et on ne discute pas ! C'est la loi...

Il se leva pour quitter ma chambre et sourcilla en apercevant Thor.

– Cette affiche est proprement monstrueuse...
– Inhumaine..., murmurai-je.
– Allez... Bonne nuit, Mickey.
Mon père referma doucement la porte derrière lui.
Quelques instants plus tard, Thor reprenait du volume.
– Alors, Mickey ? Tu laisses ce gladiateur te donner des ordres ?
– Je m'appelle Mike, maugréai-je. Et je dois lui obéir, c'est mon père.
– Père ?
Thor semblait perplexe. Je réalisai que la notion de famille n'existait sans doute pas au niveau 4.
– Est-il comme le maître du jeu ? Celui qui a le plus haut score ?
Je levai les yeux au ciel :
– C'est un peu ça, oui. En tout cas, je dois faire ce qu'il demande.
– Qu'à cela ne tienne, nous allons exploser ton père...
Il tendit la main vers la porte.
– Non ! m'écriai-je en abaissant son bras. Ne lui fais pas de mal ! On ne détruit pas les gens comme ça ! Retourne donc au niveau 4 et, là, explose qui bon te semble !
Thor me lança un regard qui me glaça :

– Tu n'as pas encore compris la malédiction, Mickey...
Sur ces mots, il ôta son casque de Viking pour le placer sur ma tête :
– Peut-être pourrais-tu jouer de l'intérieur ? Ce serait une bonne punition que de t'envoyer au niveau 4...
– Moi ?
Je me débarrassai rapidement de son ridicule couvre-chef, de crainte que cela ne m'envoie dans le jeu.
– Comment pourrais-tu faire ça ? demandai-je, intrigué.
Thor agita ses doigts :
– Je te zappe ! C'est simple et efficace. Tu ne sentiras rien.
J'avalai avec peine. Pendant longtemps, j'avais vécu pour les jeux électroniques. L'existence elle-même était un jeu, et *La quête des fantômes* était l'ultime épreuve. Mais, à présent, l'idée de devenir physiquement un héros de jeu ne me plaisait guère. Ça devait être comme la mort...
– Non, merci, dis-je en lui rendant ses cornes. Je suis bien où je suis.
Thor esquissa un sourire narquois, et j'eus alors l'affreux sentiment qu'il me cachait quelque chose.

Je ne dormis pas beaucoup cette nuit-là. Il me fallut d'abord convaincre Thor que je serais en bien meilleure forme s'il m'accordait quelques heures de repos. Il finit par disparaître, mais je me sentais malgré tout comme un animal pris au piège.

À peine avais-je trouvé le sommeil qu'un bourdonnement sonore me réveilla. Une étrange lueur verte irradiait dans ma chambre. Thor ! Il avait débranché mon radio-réveil et mis deux doigts dans la prise ! Apparemment, il se nourrissait d'électricité. Et il luisait dans l'obscurité !

C'était sympathique ! J'avais un monstre comme lampe de chevet.

Il étais assis, les yeux clos, un sourire repu au coin des lèvres. Était-ce ainsi qu'il obtenait ses pouvoirs ? Je me voyais mal lui taper sur l'épaule pour lui poser la question. Il me sembla préférable de me rendormir.

Un bruit sourd m'arracha brusquement au sommeil. Quelqu'un frappait à la porte. Ma mère passa la tête dans l'entrebâillement.

– Dépêche-toi ! Il est tard. Il y a eu une panne d'électricité cette nuit et les réveils n'ont pas fonctionné.

Elle repartit dans le couloir sans même accorder

un regard à la masse de muscles qui luisait à côté de mon ordinateur.
Thor étant toujours sous tension, je saisis ma chance au vol. Je ramassai mes vêtements et fonçai dans la salle de bains.
Quand j'arrivai en bas, la cuisine ressemblait à un champ de bataille après une explosion atomique. Une épaisse fumée noire stagnait dans les airs. Papa avait ouvert la fenêtre et ventilait la pièce en secouant un torchon.
– J'ai coupé le compteur, mais le grille-pain n'a pas résisté ! hurla-t-il.
Je posai les yeux sur le bloc de métal noirci d'où s'échappaient encore quelques volutes de fumée.
Je pris la bouteille de lait dans le réfrigérateur et commençai à remplir mon bol. Une sorte de yaourt grumeleux tomba en bloc...
– Ah ! C'est infâme ! m'écriai-je.
– Le lait a tourné, soupira papa. C'est étrange ! Même sans électricité, le frigo aurait dû conserver une certaine fraîcheur...
Bizarre, cette panne ! Le fantôme avait-il fait une indigestion de notre courant ? En tout cas, les appareils électriques étaient bons pour la casse ! Et c'était signé Thor, j'en étais persuadé !
Maman décida de presser quelques oranges pour nous remettre d'aplomb. Erreur fatale...

À peine avait-elle enclenché le mixeur qu'une purée de jus et de pulpe tapissa les murs. Maman poussa un hurlement.

– Débranche vite ! s'écria papa.

Décidément, la journée s'annonçait mauvaise...

7

UNE SALE HABITUDE

Quand je regagnai ma chambre pour prendre mes affaires, j'eus enfin une bonne surprise. Thor avait disparu.
Soulagé, je glissai la disquette maudite dans mon sac à dos. Sans doute le fantôme avait-il regagné le niveau 4.
Et il y resterait ! À peine arrivé au collège, j'effacerais le jeu que j'avais copié sur le disque dur et détruirais la disquette.
Alors, adieu, la malédiction !

Quand j'entrai en classe d'informatique, les élèves étaient déjà bien avancés dans leur travail. M. Norman m'expliqua rapidement l'exercice.

J'allai prendre place devant un ordinateur libre, à côté de Ben. Il pianotait sur son clavier, les yeux rivés sur l'écran. J'avais hâte de lui raconter ma mésaventure avec le fantôme.

Avant même que j'ouvre la bouche, Ben se tourna vers moi, un large sourire aux lèvres.

– J'ai une bonne nouvelle... et une bonne nouvelle, chuchota-t-il. Premièrement, l'exercice d'aujourd'hui est une plaisanterie... et, deuxièmement, je l'ai déjà fini ! Alors, je m'accorde un petit I. L.

– Un intermède ludique ? Sympa...

Je jetai un coup d'œil sur son écran, et là, mon sang se figea ! Le logo tant redouté s'y inscrivait en lettres de feu. Ben avait déjà atteint le niveau 2 de *La quête des fantômes*.

– Arrête, Ben ! Ce jeu est vraiment maudit, je t'ai prévenu !

Ben sourit de toutes ses dents sans quitter l'écran des yeux.

– Mickey, calme-toi... Je retire ce que j'ai dit hier à propos du club d'informatique... Allez, montre-moi quelques astuces.

Pris de panique, j'observais mon meilleur ami. L'écran l'hypnotisait déjà ! Dans quelques secondes, il serait piégé, par ma faute.

Je devais intervenir au plus vite. Je coupai le cou-

rant de son terminal. L'écran devint noir...
– Hé ! protesta Ben. C'est quoi, ton problème ?
– Il faut qu'on parle, annonçai-je gravement.
– Après, si tu veux. Laisse-moi jouer d'abord.
Il avança le bras vers l'interrupteur, mais je le saisis au poignet.
– Je suis sérieux, Ben. Ce n'est pas une blague, crois-moi. Ce jeu est complètement bizarre.
J'agitai mes mains devant sa figure :
– Écoute-moi si tu tiens à conserver tes doigts.
Ben me dévisagea longuement. Il comprit enfin que je ne plaisantais pas...
– D'accord, grogna-t-il.
Hélas, la cloche sonna la fin du cours avant que je puisse commencer mon explication.
– Oh non ! gémis-je. Je n'ai plus le temps d'effacer le jeu du disque dur.
Je me tournai vers Ben :
– Je te raconterai tout sur le chemin du gymnase.

En tournant l'angle du couloir, je faillis m'évanouir. Thor était là ! Il dominait la foule des élèves d'un bon mètre et on ne pouvait pas le confondre avec un professeur ! Que diable faisait-il ici ? Planté au beau milieu du hall, il regardait autour de lui avec un air ravi.
– Oh non !

– Que se passe-t-il ?
Ben suivit mon regard, aperçut Thor et se tourna de nouveau vers moi.
– C'est lui, murmurai-je, alarmé. Le fantôme...
– Ce lutteur de foire avec une cravate ridicule ?
Je hochai la tête. Sa tenue m'était étrangement familière. Thor avait dévalisé la penderie de mon père !
La cravate mauve décorée de nains hilares était mon dernier cadeau de Noël (une blague, bien sûr). Thor la portait à même le cou, sans chemise. Il avait enfilé un costume bleu à rayures, mais, avec sa carrure, la veste était sur le point d'exploser.
– Mis à part sa tenue, il n'a rien d'effrayant, fit remarquer Ben.
– Il n'est pas sorti de ton ordinateur pour te brûler d'un coup d'éclair ! répliquai-je.
Ben haussa les épaules.
– D'accord, un point pour toi. Que faisons-nous ?
Le plaquer au sol ? Grimper sur ses épaules et le frapper à coups de poing rageurs ? Le dénoncer au proviseur, alias le Grizzly ? Aucune de ces options n'était vraiment satisfaisante.
Je haussai les épaules :
– Ignorons-le, nous verrons bien.

Nous fonçâmes vers le gymnase. Soudain, un hurlement fit trembler les murs de l'école.
– MICKEY !
– Oh, non ! Il vient vers nous ! annonça Ben en se retournant.
Nous nous précipitâmes dans les vestiaires.
– Allons rejoindre les autres ! intimai-je.
– Rocco va nous assassiner si on n'est pas en tenue ! protesta Ben.
Nous ne sommes pas les recrues favorites du professeur de gymnastique, il faut bien l'avouer. Quel est l'intérêt de grimper à une corde alors qu'il faut redescendre juste après ? Seulement, M. Rocco connaissait notre point de vue sur son cours et était loin de l'apprécier.
J'entraînai néanmoins Ben dans la salle.
– Monsieur Willis et Monsieur Huxley ! aboya-t-il dès qu'il nous aperçut. Daignerez-vous enfiler vos tenues ? Nous vous attendons !
– Non, Monsieur, nous sommes bien ainsi, répondis-je.
Rocco traversa la salle au pas de charge et vint se planter devant nous.
– Il y a quelqu'un dans les vestiaires que nous préférerions éviter, lança Ben.
– Oh ! Mille pardons ! railla Rocco. Et de qui s'agit-il ?

– C’est un grand gaillard qui s’appelle Thor, poursuivit Ben.
Je lui adressai un regard étonné.
– Nous sommes mal partis, me murmura-t-il. Alors, autant s’amuser un peu...
M. Rocco se tourna vers la classe, les poings sur les hanches.
– Thor ? Voyez-vous ça ! Ne serait-ce pas le dieu de l’Orage ?
– En personne, Monsieur ! répondit fièrement Ben. En fait, il est gladiateur au niveau 4 en ce moment et...
Un coup de sifflet tonitruant nous arracha les tympans. Au même instant, je remarquai Thor qui sortait des vestiaires et se dirigeait vers nous.
– En voilà assez ! hurla Rocco. Willis ! Huxley ! Vous aurez de mes nouvelles, faites-moi confiance...
Je ne l’écoutais plus. Thor avançait dans le gymnase comme en terrain conquis. Il observa soigneusement les autres élèves et s’arrêta à côté de Rocco.
– ... En attendant, allez vous habiller et plus vite que ça ! Et je ne veux plus vous entendre ! Est-ce bien compris ?
Ben et moi hochâmes la tête. Le professeur prit alors conscience de la présence de Thor.

– Que diable faites-vous ici ? rugit-il.
– Je suis venu pour jouer, répondit Thor.
Rocco tenta de toiser le gladiateur qui le dépassait d'une bonne tête.
– Eh bien, ce n'est pas le bon endroit, mon bonhomme !
Thor fronça les sourcils. Et le pire arriva.
Thor leva lentement le bras et une gerbe d'étincelles percuta notre professeur en pleine poitrine ! Toute la classe hurla. Rocco disparut derrière un nuage de fumée.
– Oh non ! gémis-je en empoignant Ben par le bras.
Hélas si ! Quand la fumée se dispersa, il ne restait plus de Rocco que son sifflet posé sur le sol...

8

VOLATILISÉ !

Ben resta bouche bée.

– Incroyable ! souffla-t-il.

Je me précipitai vers Thor.

– Qu'est-ce que tu lui as fait ? demandai-je, furieux.

Thor avait ramassé le sifflet et il l'examinait avec attention.

– Je m'en suis débarrassé, répondit-il en haussant les épaules. Je n'aimais pas son attitude.

Ce type issu d'un jeu possédait-il seulement un cerveau ?

– Je t'ai déjà dit qu'on ne zappe pas les gens comme ça, murmurai-je entre mes dents.

Je l'entraînai à l'écart pendant que les élèves

fouillaient le gymnase, à la recherche de notre professeur.

– Toute la classe a été témoin, repris-je. Il faut absolument que le prof revienne ou bien... est-ce déjà trop tard ?

– Est-ce qu'il est... mort ? demanda Ben, qui nous avait rejoints.

– Laisse-moi tranquille, Mickey, grogna Thor. Il ne fallait pas t'enfuir ce matin. On n'échappe pas à la malédiction, tu sais ?

– Non ? Sans blague ?

Thor me décocha un sourire réjoui.

– Je commence à m'habituer à la réalité. J'ai même emprunté les affaires de ton père afin de passer totalement inaperçu...

Il jeta un coup d'œil sur les autres élèves, qui étaient en short.

– Apparemment, certains sont habillés comme dans le jeu, commenta-t-il.

– Ils portent des tenues de gymnastique, c'est plus pratique quand on fait du sport...

Thor enleva sa veste et sa cravate :

– Je commence à comprendre, Mickey. Bientôt, je serai un vrai professionnel de la réalité.

– Cela me fait bien plaisir, me moquai-je. À présent, pourrais-tu nous dire ce qu'est devenu notre professeur ?

J'eus soudain un mauvais pressentiment : hier au soir, Thor avait parlé de m'envoyer dans le jeu...
– Aurais-tu projeté M. Rocco au niveau 4 ? murmurai-je.
Thor m'assena une bourrade qui faillit me démettre l'épaule.
– Bravo, Mickey ! Es-tu prêt à le rejoindre ?
– De quoi parlez-vous donc ? demanda Ben.
Je n'avais pas le temps de lui expliquer. Je devais à tout prix trouver un moyen d'éviter que Thor me zappe. Si j'abondais dans son sens, peut-être qu'il me laisserait un peu de répit...
– Bien sûr, mentis-je. Mais j'aimerais d'abord apprendre les subtilités du jeu. Pourquoi ne pas se retrouver à midi en salle des machines ?
– Salle des machines ?
– Oui, dans la salle des ordinateurs...
– D'accord, approuva Thor.
À présent en tenue de gladiateur, il rassembla les élèves d'un coup de sifflet.
– Bien ! lança-t-il. Qui veut jouer à la toile d'araignée ?

Il ne fallut pas beaucoup de temps pour que Thor s'attire les faveurs de la classe.
– Ce type est un maniaque ! souffla Ben en s'écroulant contre le mur du gymnase. J'aurais

dû te croire hier, mais tout ça semblait si... bizarre.

– Ce n'est rien, haletai-je.

Le sifflet retentit une nouvelle fois, et Thor frappa dans ses mains pour nous rappeler.

– Allez, vous deux ! Venez par ici !

Thor tapota joyeusement sur mon épaule.

– C'est bien plus drôle quand on joue dans la réalité, déclara-t-il.

Il mit en place une partie de bowling. J'étais la cible et le reste de la classe me visait avec des ballons de basket. Plus personne ne se préoccupait de la mésaventure de M. Rocco.

Quand la sonnerie retentit, Ben et moi étions épuisés. Mais, au moins, nous savions que Thor nous laisserait tranquilles jusqu'à midi.

J'espérai secrètement que, d'ici là, les professeurs mettraient fin à ses agissements.

Nous étions à la bibliothèque, en étude.

– Quelqu'un finira par l'arrêter, me rassura Ben. Le Grizzly est au courant de tout ce qui se passe au collège. Et la disparition de Rocco ne passera pas longtemps inaperçue...

Je poussai un profond soupir, résigné :

– Ce n'est pas sûr ! Regarde ce qui s'est passé en gym. Tout le monde a cru que Thor était un remplaçant. Capable de faire des tours de magie en plus. Je suis persuadé qu'il pourrait éliminer toute l'école et s'en sortir...

Ben sursauta, effaré :

– Tu crois qu'il a transformé Rocco en... V. F. ?

– Viande froide ?

Cette idée me fit frissonner.

– Je n'en sais rien... Ce qui est sûr, c'est que Thor est ici pour accomplir la malédiction. Mais, si nous parvenons à le convaincre de retourner dans le jeu, nous avons peut-être une chance de nous tirer d'affaire.

– C'est pour ça que tu lui as donné rendez-vous en salle d'informatique ?

– Oui, soupirai-je. Le problème, c'est qu'il est persuadé que je vais entrer dans le jeu.

– Tu ne vas pas faire ça ! protesta Ben. C'est de la folie !

Je réfléchis un instant. Éviter indéfiniment des boules gigantesques et combattre des fantômes sanguinaires à longueur de journée, ça doit finir par être lassant !

– Je n'ai aucune envie d'y aller, mais, dans l'immédiat, je ne vois pas d'autre moyen de piéger Thor...

Quand arriva le moment de rejoindre Thor, Ben et moi étions au bord de la crise de nerfs.

– Prêt ? lança joyeusement le fantôme en nous accueillant.
Il poussa ma chaise vers l'ordinateur.
Ben m'agrippa l'épaule, comme s'il voulait me retenir dans cette dimension.
– Que se passera-t-il si Mike veut revenir ? demanda-t-il. Et s'il n'a plus envie de jouer ?
– Mickey est un fanatique de jeux électroniques, déclara Thor. Ça n'arrivera jamais...
Je m'approchai du clavier, le cœur battant. Ben et moi avions mis au point un stratagème. Il devait occuper Thor pendant que je cherchais une issue de secours dans le jeu.
Les concepteurs introduisent souvent des mots de passe ou des raccourcis dans leur système. Ce sont des astuces qui permettent de passer d'un niveau à l'autre ou bien de quitter le jeu sans qu'il arrive malheur à votre personnage. C'est ce que j'allais chercher : une astuce capable de renvoyer Thor dans son univers avant qu'il m'y envoie. Je sais, c'était plutôt mince comme plan. Mais nous n'avions rien trouvé de mieux...
Je commençai la partie.
– Ce jeu possède combien de niveaux ? se renseigna Ben.
– Cinq, dit Thor.
Je n'étais donc plus très loin de la réussite.

– En quoi consiste le niveau 5 ? demandai-je tout en pianotant.
– Il s'appelle « la quête finale », expliqua Thor. Je n'y suis encore jamais allé.
– « La quête finale », murmura Ben. Et les autres niveaux, vous pouvez y aller ?
– Tous les gladiateurs se promènent dans les niveaux inférieurs. Si tu regardes bien, tu peux nous reconnaître malgré nos masques. Nous ne nous découvrons qu'à partir du niveau 4.
– Charmant..., commenta Ben. Et vous êtes gladiateur depuis longtemps ?
– Depuis la création du programme... Bon ! Vous avez fini avec toutes vos questions ? Mickey, es-tu prêt à partir ? Ou alors préfères-tu rester rivé au clavier jusqu'à la fin de tes jours ?
– Euh..., bredouillai-je.
– Il cherche un moyen de se débarrasser de toi, tête d'endive ! s'écria soudain Ben, perdant son sang-froid. Tu n'as pas encore compris ? Retourne dans l'ordinateur, et tout ira bien. On détruira la version pirate, et fini les problèmes !
Thor parut sincèrement surpris.
– Mais j'aime bien la réalité, moi, protesta-t-il. Je m'ennuie au niveau 4. Je veux rester ici...
C'est alors que tout bascula. L'écran se mit à scintiller. Je m'éloignai vivement de la table tan-

dis qu'une fumée verte jaillissait du moniteur.
– Oh non ! Ça ne va pas encore recommencer !
J'attirai Ben à l'abri. Le nuage de fumée semblait effrayer Thor. Il recula en suffoquant.
Dissimulés derrière un bureau, Ben et moi observions la scène. Les volutes de fumée dessinèrent une épée qui se brisa en trois.
– Que se passe-t-il ? s'exclama Ben.
Avant même que je puisse répondre, les trois morceaux de nuages prirent forme humaine ! Il y avait une femme à la musculature impressionnante et au sourire mauvais, une brute au crâne rasé et aux yeux globuleux qui semblait moulée dans du caoutchouc. Finalement apparut un personnage aux contours tranchants, taillé dans un bloc d'acier.
Siréna, Mongo et l'Exterminateur !
Les trois derniers gladiateurs apparaissaient lentement de notre côté de l'écran !

9

DES ENNUIS À LA QUATRIÈME HEURE

Ben m'agrippa violemment le bras :
– Qui sont-ils ?
– Les gladiateurs du niveau 4, répondis-je, fasciné par la scène qui se déroulait sous mes yeux.
Ils se matérialisèrent bientôt... et tombèrent lourdement les uns sur les autres. On aurait cru une mêlée de rugby.
– Bouge-toi de là ! s'écria Siréna.
– Excuse-moi ! répliqua Mongo en roulant sur le côté. Je n'ai pas l'habitude d'atterrir en pleine réalité.
L'Exterminateur se leva d'un bond et frappa dans ses mains.

– Silence ! intima-t-il. Préparez-vous pour le combat !
Il observa les lieux d'un air satisfait :
– Cette mission promet d'être très amusante...
Siréna se précipita vers Thor et se planta fièrement devant lui. Elle mesurait près de deux mètres ! En fait, ils étaient tous gigantesques.
– Nous allons te pulvériser, gronda-t-elle. Personne n'a le droit de rester dans la réalité. Tu comptais outrepasser le règlement ?
Elle avança un doigt menaçant. Thor écarta sa main avec un grognement.
– Arrête, tu vois bien que je tremble comme une feuille, ironisa-t-il.
Malgré ses fanfaronnades, je sentais bien qu'il était inquiet.
Mongo, le chauve aux yeux globuleux, s'approcha à son tour.
– Tu voulais prendre du bon temps, lança-t-il. Quitte à oublier ta mission !
– Nous allons te ramener dans le droit chemin ! poursuivit Siréna.
Thor éclata d'un rire tonitruant et les toisa avec mépris :
– Que comptez-vous faire ? J'ai toujours été le plus fort au jeu. Qu'est-ce qui vous fait croire que vous allez me battre ?

L'Exterminateur rejoignit le groupe.
– Nous avons mis au point une nouvelle stratégie, intervint-il. Nous avons formé une équipe...
Thor se tourna vers moi, perplexe :
– Une équipe ? C'est une arme secrète ?
– Non. C'est quand des gens s'unissent pour agir ensemble, expliquai-je. Ils vont être à trois contre toi. Ce n'est pas très loyal...
Siréna me foudroya du regard. Je reculai d'un pas.
– Ce sont tes proies ? dit-elle en balançant le bureau derrière lequel nous nous cachions.
Elle me désigna d'un index vengeur :
– Je le reconnais, celui-là ! Il passe son temps à m'ennuyer !
– Ce n'est pas de sa faute ! s'exclama Ben. C'est la malédiction !
– C'est faux ! intervint l'Exterminateur. Il avait commencé bien avant. Ce garçon est obsédé par le jeu. Il nous a fait bondir, courir..., il nous a projetés d'avant en arrière, dans tous les sens. Mais c'est bien fini à présent ! L'heure de la vengeance a sonné !
Mongo nous fixa de ses yeux globuleux et je réprimai un frisson.
– Ils sont bien maigrichons, lança-t-il d'une voix rauque. Je me demande comment ils vont se débrouiller sur la toile d'araignée.

– C'est hors de question ! protesta Ben. Où est-ce que vous vous croyez ? Vous ne pensez tout de même pas vous venger sur de pauvres innocents ?
– Ah non ? répondit Siréna avec un sourire glacial. Regarde bien...
Elle leva lentement le bras vers le torse de Ben, et un éclair jaillit de ses doigts ! Au même instant, Thor envoya une boule de foudre qui détourna le tir. Un écran de fumée multicolore envahit la pièce.
Quand il se dissipa, Ben était encore de ce monde, tremblant entre les deux gladiateurs.
– Comment oses-tu me contrer ? s'écria Siréna.
Thor croisa ses bras puissants.
– Ces gamins sont dans mon équipe, annonça-t-il fièrement.
Je lui adressai un regard en coin. Pas mal pour quelqu'un qui n'avait pas la moindre idée de ce que c'était deux minutes plus tôt... Mais allait-il prendre notre défense ?
– Ton équipe ? s'étonna Mongo. Explique...
– J'ai prévu un tournoi pour Mickey. Et comme sa punition doit se dérouler au niveau 4, je comptais lui préparer une partie bien corsée... comme dans le jeu.
– Intéressant, admit Siréna.

– L'autre nabot va participer aussi ? demanda Mongo en menaçant Ben avec son poing.
– Eh ! Attendez une minute ! protesta-t-il. Je n'ai jamais joué à *La quête des fantômes*, moi !
– Tu as commencé une partie, intervint l'Exterminateur. Je t'ai vu. Tu m'as l'air assez doué. Tu mérites de subir la malédiction.
– Non ! m'exclamai-je.
C'était trop injuste de mêler Ben à cette histoire.
– Les deux garçons participeront au tournoi, conclut Thor sur un ton sans réplique.
– Parfait, dit Siréna. La compétition aura lieu ce jour même. Que diriez-vous de quatre heures cet après-midi ?
– D'accord, approuva Thor.
– D'ici là, nous allons nous amuser un peu, lança l'Exterminateur. J'ai hâte de retrouver les garnements qui m'ont exténué au niveau 4.
Sur ces mots, il se dirigea vers la sortie, suivi par les deux autres gladiateurs. Thor les regarda s'éloigner en fronçant les sourcils.
– Tu ne peux pas les arrêter ? protesta Ben. Renvoie-les dans l'ordinateur !
– C'est impossible, soupira Thor. Nous ne pouvons pas nous zapper les uns les autres. Nos pouvoirs s'annulent.
– Pourtant, tu as tiré sur Siréna, objectai-je.

– J'ai dévié son attaque, c'est différent.
– Alors pourquoi ne partez-vous pas tous ensemble ? gémit Ben. Retournez dans votre monde, et arrêtez de nous ennuyer !
– C'est trop tard, déclara Thor. Le tournoi est engagé, vous ne pouvez plus reculer.
Son regard trahissait une certaine inquiétude. Manifestement, l'apparition de ses acolytes l'avait perturbé.
– Si nous parvenons à les vaincre, poursuivit-il, ils retourneront au niveau 4.
– Alors nous serons vainqueurs ! conclut Ben.
– Ouais ! grognai-je en serrant les poings. On va les écrabouiller !
– On a un allié de poids, renchérit Ben en désignant Thor.
– Pourvu qu'ils ne fassent pas trop de dégâts d'ici à quatre heures, espérai-je.
– Les connaissant, ils vont zapper tout ce qui bouge, répondit Thor.
– Ils n'iront pas bien loin si le proviseur rôde dans les parages, fit remarquer Ben. Avec le Grizzly, ils vont vite retourner pleurer dans les jupes de leurs mamans.
Thor se pencha vers moi et demanda sur le ton de la confidence :
– C'est quoi, une maman ?

Hélas, Ben avait tort. Le Grizzly n'avait pas tenu une seule seconde face aux fantômes du niveau 4. En moins de temps qu'il ne faut pour le dire, ils l'avaient envoyé dans une autre dimension.
Bien évidemment, tout le monde me tenait pour responsable de ce remue-ménage. John criait à qui voulait l'entendre que j'avais manipulé une version piratée de *La quête des fantômes* et que la copie était maudite... L'atmosphère était pour le moins tendue.
Lorsque j'arrivai en cours de maths, ce fut le cauchemar. Je pouvais lire la frayeur et le reproche sur chacun des visages.
Même Mme Fernandez affichait une mine inquiète. S'efforçant de garder contenance, elle demanda à Vickie de venir au tableau quand la porte de la classe s'ouvrit avec fracas.
Siréna fit son entrée, un rictus mauvais au coin des lèvres. Elle balaya la salle du regard avant de porter son attention sur Vickie.
En voyant cette géante dans son fourreau panthère, Mme Fernandez jugea bon d'intervenir. Gravissime erreur !
Siréna regarda négligemment ses ongles écarlates et déclarai :
– Leçon numéro un, Madame le professeur. Ne jamais énerver un fantôme !

Il y eut un bref éclair et notre professeur de mathématiques disparut dans un nuage de fumée...

10

L'ÉCOLE BUISSONNIÈRE

L'assistance poussa quelques cris, vite étouffés, et Dylan faillit s'évanouir d'indignation.

– Ah ! J'adore ça ! ricana Siréna en rejetant en arrière sa longue chevelure noire.

Sur ces mots, elle quitta la salle en riant.

– Que s'est-il passé ? demanda Vickie d'une voix tremblante.

– Mme Fernandez vient d'être pulvérisée, répondit John.

J'enfouis ma tête dans mes mains. C'était la catastrophe !

Ben murmura à mon oreille :

– Allons-y, Mickey. Je crois avoir trouvé une solution.

Je pris mon sac et le suivis dans le couloir.
– D'accord, Ben Hur, grognai-je. Quel est ton plan ?
– Il faut tout raconter à M. Norman. Tu dois lui avouer que tu as copié *La quête des fantômes* sur le disque dur de l'école.
J'avalai péniblement ma salive :
– Bien sûr ! Et je vais récolter trois mille heures de retenue ! Ça, c'est l'idée du siècle !
– Essaie donc de comprendre, s'énerva Ben. Il peut nous aider à détruire le programme et à éliminer les fantômes. M. Norman est le grand maître des machines. Il est meilleur que Harry et toi réunis...
– Il a davantage d'expérience, rectifiai-je.
– Quoi qu'il en soit, s'il existe un mot de passe ou un raccourci dans le jeu, Norman saura le trouver.
– Oui... J'aurais vraiment dû y penser plus tôt, murmurai-je.
Ben esquissa un sourire malicieux :
– C'est pour ça que tu es toujours avec moi, Mickey. Tu as besoin de mes E. D. G. !
– Traduction ?
– Éclairs de génie !
Nous risquâmes un œil dans la salle d'informatique. M. Norman n'était pas à son bureau. Il ne

bricolait pas non plus les ordinateurs, pas plus qu'il ne réglait les stores pour protéger les machines du soleil.

Je m'approchai de Lori Waters, qui jouait comme une forcenée sur un des moniteurs.

– Sais-tu où est M. Norman ? demandai-je.

Elle haussa les épaules, sans même se retourner :

– Aucune idée ! Il ne s'est pas présenté au cours.

– Il n'est pas venu ?

Ben et moi avions prononcé la phrase en même temps. Là, il y avait un réel problème. M. Norman ne s'absentait jamais.

– Peut-être est-il au secrétariat, suggéra Ben.

– Pendant une heure de cours ? Aucune chance !

Ben s'approcha de moi et murmura avec un air de conspirateur.

– Tu crois qu'ils l'ont zappé ?

– Je n'en sais rien, soupirai-je en prenant une place libre. Quoi qu'il en soit, nous devons quand même inspecter le jeu. Il faut absolument trouver une issue.

Je ressentis cette curieuse démangeaison en touchant le clavier. La malédiction...

Que je le veuille ou non, je devais jouer à *La quête des fantômes*.

Pendant que Ben se tortillait nerveusement derrière mon siège, je vérifiai les trois premiers niveaux. Je tentai à chaque fois de nouvelles approches, à la recherche d'une issue possible. Le jeu était plus dur qu'à l'ordinaire : le nombre des fantômes avait augmenté.

– Je n'arrive à rien, murmurai-je.

Je nettoyai mes lunettes avant de reprendre la partie. Cette fois, je me concentrai sur le niveau 4. Mais, comme il débutait, je ne pus en croire mes yeux.

– Ben ! Regarde ! lançai-je, interloqué.

« Sélectionnez votre gladiateur... »

Quatre portraits apparurent à l'écran... Ils avaient un air étrangement familier.

M. Rocco était dans la première case. Le Grizzly se trouvait dans celle d'à côté. Venait ensuite Mme Fernandez, l'air hébété. Norman occupait le dernier cartouche...

– Oh non ! gémit Ben.

Ils étaient tous prisonniers du niveau 4 !

11

LE MUSÉE DES HORREURS

Quelle galerie de portraits macabre ! Dégoûté, je repoussai mon siège.

– J'arrête !

Je n'avais aucune envie de forcer mes professeurs à subir les épreuves du niveau 4.

– Il faut continuer ! intima Ben. Sinon, nous ne trouverons jamais la solution.

Il avait raison. Je repris la partie en soupirant. Je choisis tout d'abord Mme Fernandez. Elle se montra plutôt bonne lors de l'épreuve de bowling, esquivant les boules avec aisance.

– Je ne la croyais pas si sportive, m'étonnai-je.

– Tu vois, m'encouragea Ben. Rien n'est encore perdu !

Je sélectionnai M. Norman pour l'épreuve suivante. Le grand maître des machines me fournirait peut-être l'inspiration qui me manquait. Ce fut un choix déplorable. M. Norman, manifestement, n'était pas un adepte des salles de musculation. Il parvint péniblement à se hisser sur la toile d'araignée, mais les fantômes l'en délogèrent sans problème.

– Essaie avec le Grizzly, me dit Ben. Il m'a l'air assez costaud.

– Nous verrons bien, murmurai-je sur un ton las.

Pendant que je tentais ma chance avec M. Borinski, Ben s'approcha de la fenêtre qui donnait sur la cour. Les quelques élèves présents dans la salle étaient collés contre les vitres. Aussitôt, il me fit signe de venir.

– Que se passe-t-il encore ? demandai-je.

– Les fantômes s'entraînent pour le tournoi, annonça Ben.

J'allai le rejoindre. L'Exterminateur escaladait le mât qui se dressait au milieu de la cour. Des élèves, attirés par le spectacle, formaient un attroupement. L'Exterminateur atteignit le sommet sous les applaudissements et se laissa glisser le long de la hampe. En rejoignant le sol, il manqua d'écraser Stéphanie Matthews.

Ses boucles rousses en tressautèrent d'indignation et elle se planta devant le fantôme, mains sur les hanches. Elle devait sûrement lui dire de respecter les biens de l'école.

L'Exterminateur se baissa vers elle, l'écouta une seconde, et d'un geste négligent lui envoya un rayon orange. Stéphanie n'existait plus...

Je poussai un grognement exaspéré. J'avais lâché sans le vouloir une horde de fantômes sur mon école et je ne savais pas comment les arrêter.

Je contemplai désemparé les monstres qui s'ébattaient joyeusement dans la cour quand Vickie vint à notre rencontre.

– Je vous ai cherchés partout ! lança-t-elle. Le grand blond qui est dans le gymnase veut vous voir tout de suite.

Ben et moi hochâmes la tête.

– Il est bizarre, poursuivit-elle. Il ne ressemble pas à un remplaçant.

– Tu as raison, approuva Ben en lui tapotant l'épaule. Évite-le, si possible. Il est gentil, mais incontrôlable.

Nous rejoignîmes Thor. Il enchaînait des séries de pompes.

– Huit cent soixante et onze... Soixante-douze... Soixante-treize...

Incroyable ! Il n'était même pas essoufflé. En m'approchant de lui, je réalisai qu'il ne

m'effrayait plus. Il ressemblait à un agneau comparé aux trois autres dingues !
– Thor ! Tes amis sont impossibles. Ils zappent tout le monde... Les élèves, les professeurs... Ils ont même pulvérisé le proviseur !
– Ce ne sont pas mes amis, répondit Thor en se relevant. Je les affronte depuis que j'existe. C'est pourquoi nous devons remporter le tournoi. Je n'ai aucune envie de côtoyer ces primates jusqu'à la fin de mes jours.
– Soyons réalistes, repris-je. Nous n'avons pas la moindre chance. Ces brutes épaisses vont nous envoyer à l'hôpital, Ben et moi. Ensuite ils te forceront à regagner le niveau 4.
– Mickey a raison, renchérit Ben. Même avec toi à nos côtés, nous sommes impuissants devant de tels monstres... Je te propose un compromis, Thor. Tu nous aides à nous tirer d'affaire et, en contrepartie, nous t'aiderons à... t'intégrer dans la réalité.
Je me tournai vers Ben, stupéfait. Nous ne pouvions tout de même pas lui promettre la lune ! Thor sembla pourtant apprécier l'idée.
– Ça me convient, approuva-t-il.
Il manifestait pourtant une certaine inquiétude :
– Que m'arrivera-t-il si je ne mène pas ma mission à son terme ?

– Nous y réfléchirons plus tard, assura Ben. Marché conclu ?

Thor observa sa main tendue et finit par comprendre qu'il fallait la serrer.

– Marché conclu ! lança-t-il.

Nous avions à présent un allié de poids. Mais nous devions encore nous occuper des trois autres fous.

– Bien, dis-je. Il faut trouver une astuce pour éliminer les fantômes.

– Ils ne seront pas contents s'ils apprennent que le tournoi est annulé, déclara Ben. Ils se sont entraînés tout l'après-midi.

– Comment faire ? demandai-je.

Ben claqua dans ses doigts :

– J'ai une idée ! Déclarons forfait.

– Forfait ? répéta Thor, perplexe.

– Suis-nous, reprit Ben. On s'occupe de tout !

12

LE SALUT DANS LA FUITE ?

Il n'était pas difficile de quitter l'école sans être vu par les fantômes. Il nous suffisait d'emprunter l'entrée principale et de nous faufiler aussitôt dans une rue adjacente.

Seulement, une fois dehors, il nous restait encore un problème à résoudre. Avec sa tenue de lutteur rouge vif barrée d'un éclair et ses deux mètres de muscles, Thor était aussi repérable qu'un camion de pompiers. Heureusement, il avait laissé son casque de Viking à la maison.

Comme nous nous éloignions de l'école, je ne cessais de regarder en arrière, de crainte que les fantômes ne nous aient pris en chasse.

Il était quatre heures moins le quart. Dans quinze

minutes, ils comprendraient que nous leur avions faussé compagnie. D'ici là, nous devions absolument trouver une cachette.

Arrivés sur le parking du centre commercial, nous décidâmes de nous dissimuler dans la cafétéria. Mais il nous fut impossible d'arriver jusque-là...

– Regarde, Maman ! Un super-héros ! s'écria un gamin en désignant Thor.

– Tu veux un autographe, mon chéri ? demanda la mère.

Elle sortit un stylo de son sac et le tendit à Thor. Il examina l'objet, perplexe. Manifestement, il ne savait pas ce que c'était.

– Signe le cahier du gamin, murmurai-je.

– Signe ?

Ben et moi, nous échangeâmes un regard navré. Thor ne savait pas écrire.

– Appuie le stylo contre la page, lui soufflai-je.

Thor haussa les épaules et suivit mes instructions. Le gamin récupéra bientôt son cahier et fronça les sourcils :

– Bozgop ? Je ne connais pas ce super-héros... C'est vous ?

– Hé oui, petit veinard, répondit Ben. Tu possèdes l'authentique autographe du valeureux Bozgop !

Une foule se pressa bientôt autour de nous. Tout le monde voulait avoir son autographe. Manifestement, les gamins adoraient Thor. Les grandes personnes n'étaient pas non plus indifférentes. Ben se chargea de contenir les admirateurs.

– Ne poussez pas ! leur ordonnait-il. Il y en aura pour tout le monde !

Thor semblait ravi d'attirer l'attention. Il caressait les cheveux des enfants, adressait de francs sourires aux ménagères. Il fallait admettre qu'il s'adaptait rapidement aux nouvelles situations. Mais cet attroupement me rendait nerveux. Nous n'avions vraiment pas besoin de publicité... Mon malaise grandit lorsque j'aperçus un changement de couleur sur le costume de Thor. Il pâlissait ! Ses contours ondulaient comme des vagues de chaleur.

Thor allait bientôt disparaître !

– Bien ! m'écriai-je. Maintenant notre super-héros doit vous quitter !

Ben comprit vite le message.

– Il doit repartir combattre le crime ! lança-t-il à l'assistance. Dormez tranquilles, braves gens, le valeureux Bozgop veille sur votre sécurité !

Là, il en faisait un peu trop...

Nous poussâmes rapidement Thor, sous les acclamations de la foule.

– Que se passe-t-il ? demandai-je à Thor.
Ses mains ressemblaient à présent à une image floue.
– Je perds mes pouvoirs, répondit-il. J'ai besoin de jus.
– Du jus ? s'étonna Ben. De quoi parle-t-il ?
– De l'électricité, expliquai-je rapidement. Il a besoin d'énergie.
– Nous devons trouver un endroit tranquille, déclara Ben. Une place où nous ne serons pas embêtés par des hordes de gamins.
Après un instant de réflexion, nous nous écriâmes en même temps :
– La bibliothèque !

Elle se trouvait à quelques rues du centre commercial. Tout alla bien jusqu'à ce que la secrétaire, une vieille dame aux cheveux blancs, repère notre phénomène.
– Dites-moi, jeune homme ! lança-t-elle depuis son bureau. Vous n'auriez pas participé à l'émission *Gladiateurs de notre temps* ?
– Plus tard ! intervint Ben en poussant Thor vers les rayonnages. Nous avons... d'importantes recherches à faire.
Nous allâmes prendre place à une table à l'écart. Je sondai alors la salle du regard, cherchant une

prise électrique. Thor se leva et disparut derrière une étagère.

– Que fait-il ? chuchota Ben.

Nous le suivîmes discrètement. Thor était agenouillé près du mur. Là où il se trouvait, personne ne pouvait le voir.

– Celle-ci conviendra parfaitement, nous dit-il.

Sur ces mots, il enfonça deux doigts dans une prise de terre. Ben sursauta, stupéfait. Thor scintillait comme un sapin de Noël. Il souriait, les yeux clos.

Mon ami m'envoya un léger coup de coude.

– Malgré tous ses défauts, Thor reste un garçon branché, dit-il avec un clin d'œil.

13

DE L'ÉLECTRICITÉ DANS L'AIR

Je me dégageai légèrement du halo de lumière.
– C'est comme ça qu'il se régénère, expliquai-je à mon copain.
– C'est vraiment bizarre, murmura Ben.
Quelques minutes plus tard, les lumières s'éteignirent brusquement. Apparemment, le compteur de la bibliothèque n'avait pas résisté à l'appétit de Thor.
La vieille dame parcourut bientôt toutes les pièces en criant :
– Votre attention, s'il vous plaît. Suite à une panne d'électricité importante, nous devons fermer pour une durée indéterminée.
Thor se redressa lentement.

– Ah ! Ça va mieux ! soupira-t-il content.
– Tu avais besoin de faire sauter toute l'installation ! râlai-je.
– Où allons-nous à présent ? intervint Ben. Nous sommes à court de cachette.
– Nous pouvons toujours aller chez moi, proposai-je de mauvaise grâce.
Je me tournai vers Thor :
– Cette fois, tu ne t'approches pas des prises de courant !
Une lumière bleue illumina ses yeux, éclairant les rayonnages plongés dans l'obscurité.
– Sois sans crainte. Je suis rassasié pour un bon moment.
– Je m'accorderais bien moi aussi un L. A. E., dit Ben.
Comme je fronçai les sourcils, il traduisit :
– Un léger apport énergétique...

Arrivés chez moi, Ben explora les placards et découvrit un paquet de gâteaux.
– Tu as causé pas mal de dégâts, dit-il au fantôme.
Thor haussa les épaules.
– Tu ferais mieux de consacrer ton énergie au problème qui nous occupe, intervins-je. Nous devons trouver le moyen de renvoyer les fan-

tômes dans l'ordinateur et, par la même occasion, de libérer les professeurs emprisonnés.

– Si je regagne le niveau 4, votre prof de gym retournera dans la réalité, expliqua Thor. Pour les autres, je ne peux rien. Leur destin est lié au fantôme qui les a zappés.

– Ils ont pris notre école en otage. Comment faire ? demanda Ben.

– Oui, confirmai-je. Et ils zappent même les élèves.

– Thor, reprit Ben. Sais-tu exactement combien d'énergie il te faut pour rester dans la réalité ? Et est-ce pareil pour les autres fantômes ?

– Oui, répondit-il. Nous avons tous été créés à partir de kilowatts. Sans électricité, nous disparaissons...

– Alors, j'ai la solution ! s'exclama Ben, tout excité. Nous allons les priver d'énergie.

– Bien sûr, raillai-je. Nous sabotons tout l'État d'Illinois ou juste la région ?

– Nous pourrions commencer par la ville ? suggéra Ben.

Je mordis mes lèvres pensivement.

– Cela marcherait un temps. Mais l'électricité finirait par être rétablie et les fantômes réapparaîtraient. Ce n'est pas une bonne solution.

– Je suis à court d'idées, soupira Ben. Et le temps

passe... Qu'arrivera-t-il si les fantômes se lancent à notre poursuite ?
– C'est peu probable, déclara Thor.
– Comment ça ? demandai-je aussitôt.
– Les fantômes ne peuvent pas s'éloigner du programme qui les a conçus sans perdre leurs pouvoirs, expliqua-t-il.
– Dans ce cas, pourquoi peux-tu te promener à ta guise ? s'étonna Ben.
Thor eut un sourire malicieux et souleva mon sac à dos.
– Grâce à ceci..., répondit-il en présentant la disquette que m'avait donnée Harry.
La solution m'apparut alors, lumineuse et toute simple.
– Donc, si j'efface les programmes, j'élimine tous les fantômes d'un coup !
Thor parut profondément choqué.
– Oui, mais, en agissant ainsi, tu signes mon arrêt de mort ! s'indigna-t-il.
– Et tu effaces, par la même occasion, les profs et les élèves emprisonnés à l'intérieur.
Il avait raison. Ce n'était pas une bonne idée. Adossé à ma chaise, je regardai Thor droit dans les yeux.
– Écoute-moi. Personnellement, je n'ai rien contre toi. Mais nous devons à tout prix éliminer

les autres. Et puis, admets que ce monde n'est pas fait pour toi...

– C'est vrai, approuva Thor. Ma place n'est pas ici. Mais je ne veux pas retourner au niveau 4. Je m'y ennuie. Il faudrait trouver un endroit plus amusant.

J'observai un instant la masse de muscles assise en face de moi. Où trouver une place qui lui convienne ? Je me voyais mal passer une petite annonce dans les journaux : *Cherche hébergement pour gladiateur géant, gros consommateur d'électricité.*

– Parle-nous du jeu, demandai-je en grignotant un cookie. Est-ce que tu sais s'il y a une issue à l'intérieur du programme ? Ou un mot de passe placé par le créateur ?

– Je n'ai jamais entendu parler d'un mot de passe au niveau 4, répondit-il.

Thor ferma les yeux, essayant de se souvenir.

– Le créateur... C'est lui qui a lancé la malédiction. Depuis que je suis né, j'ai toujours vu cet ordre : les utilisateurs de copies piratées doivent être punis...

– La malédiction serait donc une sorte de virus ultrasophistiqué que le créateur du jeu aurait introduit dans son programme, pensai-je à haute voix.

Mon cœur se mit à battre plus vite. Nous tenions enfin un début de piste.
– Demandons des renseignements auprès de la compagnie qui édite le jeu. Ils doivent bien avoir un service des consommateurs...
– Tu plaisantes, s'exclama Ben. N'oublie pas que nous avons une version piratée.
– Ils n'ont pas besoin de le savoir, dis-je en me levant.
J'allai chercher l'annuaire et téléphonai au plus grand magasin d'informatique de la ville. Un vendeur me répondit bientôt que *La quête des fantômes* était édité par une compagnie nommée Zone d'ombre S.A. Il me donna leur numéro.
– Vous avez entendu ? m'exclamai-je. La société s'appelle Zone d'ombre.
– Mauvais présage, grommela Ben en réprimant un frisson.
Thor recula d'un pas, visiblement effrayé.
– C'est le créateur ! Ne lui dis pas que je suis avec toi !
– Sois sans crainte, assurai-je en composant le numéro. Je resterai discret.
J'actionnai le haut-parleur du téléphone pour que tout le monde puisse entendre. La ligne sonna deux fois et une voix nasillarde s'éleva à l'autre bout du fil :

– Société Zone d'ombre, bonjour...

Je demandai le service des consommateurs et expliquai les problèmes que me posaient les fantômes du niveau 4.

– ... J'aimerais savoir s'il existe une issue de secours ? Un moyen de quitter le jeu quand les spectres... euh... deviennent incontrôlables...

– Ne serait-ce pas plus amusant de le trouver vous-même ? répondit mon interlocuteur. Après tout, c'est le but du jeu...

– Croyez-moi, j'ai essayé toutes les possibilités, mais j'ai de réels problèmes au niveau 4.

– Bien... Je vais voir ce que je peux faire. Donnez-moi le numéro de série de votre disquette...

Je restai muet un court instant. J'avais totalement oublié que chaque version avait un numéro de référence.

– J'ai égaré le boîtier du jeu, mentis-je.

– Le numéro qui nous intéresse est gravé sur la disquette elle-même, répondit la voix.

« Pas sur la mienne », pensai-je.

Ben me fit signe de raccrocher, mais je ne voulais pas abandonner si près du but.

– Je n'ai pas la disquette sous les yeux en ce moment... S'il vous plaît, donnez-moi juste une indication. Si le créateur a placé une issue de secours, à quel niveau pourrait-elle se trouver ?

J'entendis un profond soupir à l'autre bout du fil :
– Le niveau 5 est le favori du créateur. C'est le seul niveau qui possède un cœur...
– Vous pensez donc que je trouverai une issue à cet endroit ?
La voix de mon interlocuteur devint presque menaçante.
– Écoute-moi petit. Si tu n'as pas de numéro de série, c'est que tu possèdes une version piratée. Dans ce cas, je ne peux rien pour toi. Le créateur a conçu un virus qui attaque les petits malins dans ton genre.
– Comment ? protestai-je. C'est un procédé totalement illégal !
– Pas plus que les copies sauvages. Si tu en possèdes une, tu dois subir la malédiction...
J'entendis un clic à l'autre bout du fil et le téléphone sonna dans le vide.

14

LA SITUATION EMPIRE

Quelle nuit !

Après le départ de Ben, je m'installai devant mon ordinateur. Avec les informations que j'avais obtenues, je décidai de me lancer à l'assaut du niveau 5. Mon temps d'accès aux jeux étant limité, je devais agir avec prudence.

Il me fallait en plus tenir compte de Thor. Penché sur mon épaule, il trépignait d'impatience et multipliait les conseils.

Le niveau 5, « la quête finale », était l'étape la plus bizarre que j'aie jamais rencontrée.

Mon personnage naviguait dans une petite capsule à l'intérieur du corps humain. Il devait se rendre dans le cœur pour défendre ses émotions, puis visiter le cerveau pour protéger ses pensées. Curieusement, l'âme était située dans les pieds et il fallait s'y rendre pour sauvegarder ses croyances.

L'environnement était psychédélique et les couleurs totalement surnaturelles.

Les fantômes intervenaient sous la forme de cellules malades ou de virus qui attaquaient la capsule. Il y avait aussi de gros globules blancs qui pouvaient vous emprisonner dans leur masse gluante

À mon avis, le créateur de ce jeu était mûr pour la camisole de force. Apparemment, Thor appréciait beaucoup ce niveau. Il se montra même très efficace pour résoudre les énigmes placées dans le cerveau.

Lors de mes déambulations, je trouvai une clé, suspendue à une terminaison nerveuse. Je parvins à m'en emparer et l'ajoutai aux bagages de ma capsule.

– Elle doit ouvrir une porte, dis-je.

– C'est peut-être la clé du passage secret, suggéra Thor. Mais où est-il ? Il va falloir explorer la totalité du corps...

Je hochai la tête en soupirant tandis que ma capsule voguait au centre d'un tourbillon multicolore. Il nous fallait un indice.

– Te souviens-tu de ce que l'employé de la société Zone d'ombre a dit exactement ? demandai-je à Thor.
– Que tu étais maudit ?
– Merci de me le rappeler, grognai-je. Ça y est, je m'en souviens... Le niveau 5 est le préféré du créateur parce qu'il possède un cœur ! Allons voir de ce côté !
Je naviguai d'une artère à l'autre jusqu'à ce que j'atteigne une gigantesque pompe rouge.
Thor fut le premier à repérer le passage, dans un coin du ventricule gauche. Tremblant d'impatience, je stabilisai ma capsule devant la porte. La clé correspondait à la serrure ! J'ouvris, mais la capsule était trop large pour pouvoir entrer.
De rage, je frappai violemment sur ma table de travail. Au même instant, des coups résonnèrent à ma porte.
– Cache-toi vite ! sifflai-je entre mes dents.
Thor alla se coller contre mon placard et se transforma en affiche. Mon père apparut par l'entrebâillement.
– Mike, qu'avais-je dit à propos de l'ordinateur ? demanda-t-il, l'air sévère.
Je me forçai à sourire.
– Pas plus d'une demi-heure par jour... Je viens à peine de commencer.

– As-tu fait tes devoirs ?

Mon père se pencha par-dessus mon épaule et contempla les tourbillons de couleur qui explosaient sur l'écran.

– Qu'est-ce que... ? s'étonna-t-il.

– C'est un nouveau jeu..., le coupai-je. Et je me suis bien avancé dans mes devoirs.

Il posa une main sur le moniteur.

– Mike, cet ordinateur est chaud. Depuis combien de temps joues-tu ?

– Un petit quart d'heure, mentis-je.

Il poussa un profond soupir.

– Bon... Je t'accorde un autre quart d'heure. Mais je viendrai vérifier.

– Bien chef !

Le lendemain matin, sur le chemin de l'école, j'avais l'estomac noué. Thor marchait à mes côtés. Nous n'avions pas trouvé de mot de passe et nous ne savions pas non plus ce qui nous attendait au collège.

La veille, nous avions su éviter les fantômes, mais j'avais le sentiment que notre répit était terminé.

Mes craintes se confirmèrent en arrivant devant les grilles. Le parking des professeurs était vide. Une poignée d'élèves attendait à l'entrée mais

personne n'osait pénétrer dans la cour. L'école de Woodmont ressemblait à une ville morte.
– Ce n'est pas normal, murmurai-je à Thor.
Il tendit le bras en direction des bâtiments et poussa un grognement.
– L'air est chargé d'électricité. C'est presque palpable.
Que se passait-il ici ? Ben vint à notre rencontre. Il avait les yeux gonflés. Lui non plus n'avait pas beaucoup dormi.
– Vous avez trouvé un mot de passe ? demanda-t-il aussitôt.
Je haussai les épaules avec une moue dépitée.
– Rien...
– De toute manière, il est sans doute trop tard, reprit Ben. John s'est risqué dans les bâtiments. Il dit que l'endroit est méconnaissable.
– Qu'ont fait les fantômes ? m'inquiétai-je.
– Va savoir... John a filé chez lui sans rien ajouter d'autre.
– Allons vérifier ! déclara Thor.
Sur ces mots, il avança d'un pas décidé. J'étais soulagé qu'il ouvre la marche...
Le crissement de nos semelles résonnait dans le hall désert. Comme nous passions devant les bureaux de l'administration, le tic-tac de l'horloge prit des échos funèbres.

L'école était déserte, abandonnée...
– Où sont-ils tous ? murmurai-je, impressionné par le silence.
– Les élèves qui n'ont pas été zappés ont décidé de rester chez eux, expliqua Ben. Pareil pour les profs.
– Il n'y aura sans doute pas de cours aujourd'hui, constatai-je.
Le collège ressemblait à un vaisseau fantôme.
Comme nous arrivions à hauteur de la cafétéria, Thor s'arrêta, sur le qui-vive.
– L'électricité ! souffla-t-il en désignant le réfectoire. Elle vient de là.
Il se dirigea aussitôt vers les portes à battant.
– Sois prudent, intima Ben.
Thor pénétra dans la salle, nous sur ses talons.
Incroyable ! C'était une vraie fête foraine...
Toutes les créatures des jeux vidéo que je connaissais avaient pris vie ! Elles bondissaient, roulaient, volaient partout dans la salle. Des avions sillonnaient la pièce, des voitures de course fonçaient entre les tables. Un pinceau de la taille d'un bras éclaboussait les murs de violentes giclées de couleurs vives ! Les super-détectives arpentaient le sol à la recherche d'indices. Les répugnantes bestioles de *L'invasion des rats* avaient investi les cuisines et s'atta-

quaient aux réserves de nourriture avec un appétit féroce. Les cocons mutants étaient alignés sur le comptoir. L'un d'eux explosa et libéra sa cohorte de monstres ailés. Ils s'envolèrent en rangs serrés.
Un frisson glacial me parcourut l'échine. Je savais ce qu'ils allaient faire...
– Tous à couvert ! m'écriai-je. Ils vont tirer !

15

LES FANTÔMES EN FOLIE

Tout le monde plongea au sol, évitant de justesse le feu nourri des rayons de la mort !

Je relevai la tête. Les portes métalliques du réfectoire étaient grêlées de petits trous fumants !

– Incroyable ! souffla Ben.

– D'où viennent ces créatures ? s'étonna Thor. Du niveau 2 ? 3... ?

Je secouai la tête en grimaçant.

– Elles n'appartiennent pas à *La quête des fantômes*, expliquai-je. Siréna et ses camarades ont exploré le disque dur et libéré les personnages des jeux électroniques. Pourtant ce ne sont pas des copies pirates, ces créatures devraient être inoffensives...

– Ce n'est pas le cas, répondit Ben. Filons d'ici avant qu'ils n'attaquent encore.
Thor ouvrit les portes en grand et nous fonçâmes à l'abri du couloir. Aussitôt, le géant barricada l'accès.
– Incroyable ! répéta Ben. C'est la foire aux monstres électroniques là-dedans !
– Comment trouvez-vous nos petits compagnons ?
Je fronçai les sourcils en reconnaissant la voix de Siréna.
– Les trois fous viennent d'arriver, murmura Ben.
Je regardai lentement par-dessus mon épaule : les fantômes se tenaient devant les casiers du couloir.
– Ce fut un plaisir de trouver autant de monde dans les ordinateurs, lança Mongo.
– Nous avons passé la nuit à les dresser, nous renseigna Siréna. Ils avaient besoin d'être entraînés.
– À présent, ils nous obéissent au doigt et à l'œil, poursuivit l'Exterminateur. Ce n'est pas comme certains garçons de notre connaissance...
Ben et moi échangeâmes un regard inquiet. Cette fois, nous étions bons pour la chaise électrique...
Thor s'interposa, menaçant.

– Bas les pattes ! intima-t-il. Ils font toujours partie de mon équipe.
Les yeux globuleux de Mongo scintillèrent d'un éclat mauvais.
– Une belle équipe en effet ! railla l'homme-caoutchouc. Qui ne se présente même pas au tournoi !
– Nous étions occupés ailleurs, répliqua Thor. Vous voulez vous battre maintenant ? Allez, venez ! On vous attend !
Je lui lançai un regard effaré. Nous battre ? Il avait donc perdu l'esprit ?
Mongo roula des épaules avec un sourire gourmand, mais Siréna l'arrêta d'un geste.
– Le tournoi est annulé, annonça-t-elle.
L'Exterminateur avança d'un pas. Ses lèvres s'ourlèrent sur des crocs gris.
Avait-il des dents métalliques ou seulement besoin d'un bon détartrage ?
– Nous avons d'autres projets pour ces garnements, dit-il.
– C'est drôle, j'ai l'impression d'être une bête qu'on mène à l'abattoir, murmura Ben.
– C'est à cause de ce stupide ordinateur, intervint Mongo.
– Il y a un problème, reprit l'Exterminateur. Nous ne pouvons pas nous éloigner de *La quête*

des fantômes. Nous sommes bloqués à l'intérieur de ce niveau. Et il n'a rien d'amusant.

– Ce niveau, comme vous dites, s'appelle une école, intervint Ben. Enfin... du moins, c'en était une avant votre arrivée.

– Nous devons nous déconnecter d'elle. Nous possédons une armée maintenant, dit Mongo en désignant les portes de la cafétéria derrière lesquelles s'entassait la faune des jeux vidéo.

– Nous avons la force et nous avons l'énergie, intervint Siréna.

Comme pour prouver ses dires, elle bondit jusqu'au plafonnier du couloir et empoigna le tube de néon. Elle s'illumina un court instant et retomba au sol.

– Il ne nous manque que la liberté d'action, conclut l'Exterminateur. Thor ! Dis-nous comment tu fais pour te promener à ta guise !

J'empoignai nerveusement les bretelles de mon sac à dos. La disquette était à l'intérieur. Ils ne devaient surtout pas mettre la main dessus.

– Allez ! Partage ton secret ! intima Siréna.

– As-tu trouvé une faille dans le programme ? demanda Mongo.

Thor réfléchit pendant un long moment, et brusquement son visage s'éclaira :

– Il y a une astuce ! lança-t-il. Il existe un moyen

de mettre le programme dans une capsule et de la transporter avec soi !

Les trois fantômes s'avancèrent lentement.

– Vraiment ? susurra Siréna.

– Montre-nous vite ! plaida Mongo, le regard luisant d'impatience.

Thor posa fièrement une main sur mon épaule.

– Mieux encore ! déclara-t-il. Ce brave Mickey va en fabriquer une pour chacun de vous.

Les fantômes poussèrent des cris ravis et me regardèrent comme si j'étais un gigantesque gâteau au chocolat.

J'étais à la fois terrorisé et déçu. Thor nous avait trahis. Une fois libres de bouger à leur guise, les trois fantômes n'allaient certainement pas entrer dans l'Armée du salut...

– Toutefois, je pose une condition à la fabrication des capsules, ajouta Thor. Vous devez jurer de ne pas ennuyer mon équipe...

Il foudroya Mongo du regard avant d'ajouter :

– Pas de zaps, ni d'éclairs ! Je ne veux pas voir la moindre étincelle jaillir de vos doigts.

– Dommage, murmura Mongo en me détaillant d'un air vorace. J'avais un compte à régler avec ce petit lascar.

– Tu en trouveras d'autres, trancha Siréna. C'est d'accord, tu as ma parole, Thor.

– Nous ne toucherons pas à ton équipe, promit l'Exterminateur.
– Parfait ! conclut Thor en se frottant les mains. Nous allons pouvoir commencer !
– Traître ! Vil coyotte ! siffla Ben entre ses dents.
– Combien de temps faut-il pour préparer les capsules ? demanda Siréna.
En ce qui me concernait, ils pouvaient toujours attendre que je lève le petit doigt pour les aider.
– C'est difficile à dire, répondit Thor. Mais ce brave Mickey va s'y employer dès maintenant. Restez ici, nous vous rejoindrons quand tout sera au point.
Sur ces mots, Thor nous entraîna dans le couloir.
– Ça nous laisse le temps de préparer notre armée, se réjouit l'Exterminateur.
Siréna ouvrit les portes du réfectoire et trois super-détectives filèrent entre ses jambes.
– Au pied, les nains ! hurla-t-elle.
– C'est à ton tour de t'en occuper, grommela Mongo. Moi, je vais jouer avec les cocons mutants.
Thor nous éloignait rapidement en nous tirant chacun par un bras.
– Une minute ! m'écriai-je, exaspéré. Tes amis ont déjà ruiné une école. Tu veux qu'ils rasent la ville en plus ?

Ben se débattit et se dégagea de l'étreinte de Thor.

– Bravo ! s'énerva-t-il. Bel exemple de solidarité... Tu nous vends au plus offrant. Tu n'as pas de problèmes de conscience parfois ?

– Vraiment je suis déçu... et choqué du peu de confiance que vous m'accordez, répondit Thor.

– Pardon ? demanda Ben.

– Vous pensiez que j'allais trahir ainsi les membres de mon équipe ?

– Qu'est-ce que cela veut dire ? demandai-je, surpris.

– J'ai simplement voulu gagner du temps...

Je regardai Ben, interloqué. Il leva un sourcil et sourit.

– Bravo mon grand ! dit-il en tapant dans le dos de Thor. Tu comprends de mieux en mieux la réalité !

Il sourit, ravi du compliment. Soudain, il dressa l'oreille, aux aguets.

– Vous avez entendu ?

– À l'aide ! criait une petite voix lointaine.

Nous nous précipitâmes dans le couloir, en direction du hall d'entrée. Je repérai bientôt une masse sombre sur le sol.

C'était Vickie ! Elle était aux prises avec la bande des rats ! Ils grouillaient tout autour d'elle, s'attaquaient à ses chevilles. Elle m'aperçut et m'adressa des gestes désespérés.

– Mike, aide-moi ! Je t'en supplie !

Soudain, un rat bondit sur son épaule et plongea ses petites dents dans sa nuque ! Vickie poussa un hurlement. Une autre bestiole répugnante montait déjà le long de sa jambe !

16

L'INVASION DES RATS !

Avec un rictus dégoûté, Vickie frappa sur son épaule. Elle parvint à déloger le rongeur qui retomba sur le sol avec un couinement aigu.
Je me précipitai à la charge pour écarter la masse grouillante à grands coups de pied rageurs.
Ben arriva à la rescousse et tapa dans le tas, utilisant son sac à dos.
Thor arriva ensuite, armé d'un extincteur. Il l'envoya rouler en direction de la masse de poils gris qui ondulait autour de nous.
La bande de rats s'éparpilla aussitôt en poussant des plaintes suraiguës. Ils disparurent bientôt dans une salle de classe.

– Merci les gars, soupira Vickie. J'ai cru qu'ils allaient me manger vivante.
Elle frissonna à cette idée.
– Je croyais que les trois affreux les avaient dressés, dit Ben.
– Apparemment, ils ne sont pas doués dans ce domaine, déclarai-je.
Thor fronça les sourcils :
– Si ces créatures quittent les bâtiments, la réalité va devenir moins drôle.
– Ça sera un vrai cauchemar, ajoutai-je.
– Tu ne crois pas si bien dire, intervint Vickie. J'ai surpris les fantômes en pleine conversation. Ils projettent d'envahir le monde, en commençant par notre ville.
– On n'en attendait pas moins d'eux, fit Ben.
– Vickie, comment sais-tu cela ? demandai-je.
– Je suis entrée dans l'école pour récupérer mon blouson, expliqua-t-elle. Je l'avais oublié hier. C'est alors que je les ai entendus. Ils avaient trouvé une carte de géographie. Ils regardaient les différents États pour savoir dans quel ordre ils allaient attaquer.
– C'est pour ça qu'ils veulent être mobiles...
– S'ils continuent de zapper à tour de bras, la moitié du globe va se retrouver dans *La quête des fantômes*, commenta Ben.

Tout ça par ma faute. Le monde était en péril, à cause de ma passion pour les jeux électroniques. Bientôt, mon nom irait grossir la liste des ennemis publics. Jessie James, Al Capone... Michael Willis...

– Il faut à tout prix les arrêter ! m'écriai-je.

– J'ai une idée, déclara Thor. Pour cela, nous devons utiliser l'ordinateur et il faudra maintenir les fantômes à l'écart pendant quelque temps.

– C'est faisable, assura Ben.

Thor se tourna vers Vickie et lui sourit.

– Les fantômes ont promis de ne pas toucher aux garçons, mais je ne pourrai pas te protéger...

– Message reçu, dit Vikie. Je suis déjà partie.

Nous l'escortâmes jusqu'à la sortie et Thor lui ouvrit la porte.

– Je vais me barricader chez moi, fit-elle en nous adressant un sourire. Bonne chance à vous...

Je suivis Ben et Thor en salle d'informatique.

– Quel est ton plan ? demandai-je.

– Je vais retourner dans l'ordinateur et chercher le mot de passe, dit-il.

– Quoi ? Je pensais que tu en avais assez du niveau 4. Et que se passera-t-il si je ne peux pas te faire revenir ?

Thor sourit, le regard brillant.

– Je vais me rendre au niveau 5. Je crois avoir

trouvé l'univers qui me convient. Je veux savoir ce que dissimule cette porte dans le cœur. La capsule ne peut pas entrer, mais moi, si !
Je devais admettre que c'était une bonne idée. Thor avait fait preuve d'une incroyable efficacité quand nous avions joué la veille au soir.
– Il faudra récupérer la combinaison de plongée qui se trouve dans le cerveau. Grâce à elle, tu pourras atteindre la porte.
– De quoi parlez-vous ? demanda Ben.
– Attends et regarde...
Je lançai le jeu, et gravis rapidement les trois premiers niveaux. Au niveau 4, la liste des gladiateurs était gigantesque ! Des visages d'élèves et de professeurs défilaient sur l'écran.
– Incroyable ! souffla Ben. Ils ont zappé la moitié du collège !
Tout en m'efforçant d'ignorer les faces tristes de mes camarades de classe, je progressai jusqu'au niveau 5.
– Nous y voilà, déclarai-je bientôt. Quelle est la suite du programme ?
– Cherche le cartouche : *« Sélectionnez votre voyageur »* et tape mon nom, dit Thor.
Je suivis ses indications.
Il s'éloigna de quelques pas et désigna l'écran.
– Souhaitez-moi bonne chance...

– Vas-y ! m'exclamai-je.
– Pas de quartiers ! renchérit Ben.
Je fermai les yeux à l'instant où Thor visait l'ordinateur. Il y eut une vive lueur et il disparut, ne laissant derrière lui qu'une mince traînée de fumée verte.
– Incroyable ! souffla Ben.
– Tu dis ça encore une fois et je te zappe dans l'ordinateur !
Ben sourit et me tapota l'épaule. À cet instant, un nuage de fumée s'échappa du disque dur.
La fumée prit bientôt forme humaine. Mais l'apparition n'avait pas la taille imposante de notre géant. Cet homme était plus petit... avec des cheveux bruns.
– C'est Rocco ! s'exclama Ben en se frappant le front. Bien sûr ! Il avait pris la place de Thor, alors il revient maintenant !
Le professeur de gymnastique se matérialisa bientôt devant nous.
– Monsieur Willis et Monsieur Huxley ! commença-t-il. Vous feriez bien de...
Il s'interrompit et contempla la salle, hébété.
– Qu'est-ce que je fais ici ? s'étonna-t-il.
Manifestement, il n'avait plus aucun souvenir de ce qui lui était arrivé, ni d'avoir passé une journée entière coincé dans un ordinateur...

– Vous êtes venu nous dire un petit bonjour, répondit Ben en toute innocence. Mais l'école est fermée aujourd'hui. Vous allez être en retard à votre partie de tennis, Monsieur Rocco.

Il n'était pas vraiment convaincu par notre explication, mais il n'insista pas.

– Bien, dit-il, encore sous le choc. Nous nous verrons au prochain cours.

Sur ces mots, il quitta la salle, perplexe.

– Peut-être que nous devrions l'accompagner, murmurai-je.

Ben fila vers la porte et regarda dans le couloir.

– Tout va bien, il quitte l'école.

J'avançai ma chaise vers le bureau et fis craquer mes doigts.

– À présent, voyons si le plan de Thor fonctionne...

Je lançai le jeu et la capsule se dessina sur l'écran. Thor se trouvait déjà à l'intérieur ! Sa tête apparaissait par le hublot.

– Peux-tu nous entendre ? hurlai-je.

Une voix s'éleva du disque dur, lointaine et distordue.

– C'est bon, Mickey...

La capsule manœuvrée par Thor fonça à vive allure en direction du cerveau. Ben trépignait d'excitation à côté de ma chaise.

– Vas-y, Totor ! Bouscule-lui les idées ! Tape-lui sur les nerfs !
Je levai les yeux au ciel. Ben avait le chic pour intervenir au meilleur moment...
Nous regardions Thor se frayer un passage et récupérer tous les objets nécessaires au bon déroulement de notre plan. Je me sentais impuissant. Thor avait pris la direction des opérations et je ne pouvais plus rien pour lui. Pendant ce temps, Ben continuait de danser derrière moi en murmurant des encouragements.
– J'y suis, Mickey ! lança soudain Thor. Je nage vers la porte...
« Parfait ! pensai-je. Nous touchons au but. »
– Thor, qu'est-ce qu'il y a derrière la porte ? demandai-je.
– Un écriteau ! Et c'est marqué : « *La quête commence...* »
– Que se passe-t-il ? Vous n'avez pas encore terminé ? Où est Thor ?
Je sursautai en reconnaissant la voix. C'était Siréna ! Je me retournai vivement. Nous devions nous en débarrasser au plus vite.
– Nous... nous avons bientôt fini..., balbutiai-je.
Siréna balaya la salle du regard, les mains sur les hanches. Soudain, elle posa les yeux sur l'écran.
– Il est là ! Dans le jeu !

Elle éclata d'un rire démentiel.

– Ça fait partie du processus... pour les capsules..., dis-je pour la calmer.

Ben s'interposa devant l'ordinateur.

– C'est une phase très délicate ! Vous n'avez rien à faire ici !

Siréna nous toisa de son air démoniaque.

– Voilà l'instant que j'attendais !

Elle leva la main. Je crus qu'elle allait zapper l'écran et détruire Thor.

Ben ne bougea pas : il protégeait l'ordinateur.

Alors, une salve d'étincelles explosa contre sa poitrine. Il s'illumina un court instant... avant de disparaître !

17

L'ISSUE DE SECOURS

– Non ! Pas Ben !

Je plongeai sur Siréna et repoussai violemment son bras.

– Pourquoi as-tu fait ça ? criai-je. Tu avais promis de ne pas nous toucher ! Un gladiateur ne rompt jamais ses promesses !

– Mon pauvre ! railla-t-elle. Ces règles étaient valables pour le niveau 4. Aujourd'hui, nous jouons une tout autre partie... Tu es le seul qui nous intéresse... jusqu'à ce que tu nous aies fabriqué les précieuses capsules.

– Jamais de la vie !

Aussitôt, je fonçai dans le couloir en direction de la sortie. Siréna s'élança à ma poursuite. Je savais que je n'étais pas en danger, ils avaient besoin de mes connaissances pour envahir le monde. Ils devaient encore me garder vivant... pour un temps.

Mais comment allais-je leur échapper ?

Je repérai Mongo en passant devant les bureaux de l'administration. Il était allongé sur une table. Les orteils fichés dans une prise, il bourdonnait doucement, entouré d'un halo scintillant.

– Réveille-toi, imbécile ! hurla Siréna. Arrête ce maudit gamin !

Mongo ouvrit un œil, mais j'étais déjà loin.

En nage, le souffle coupé, je regrettai de ne pas avoir accordé davantage d'intérêt au cours de gymnastique.

La porte d'entrée du collège apparut à l'autre bout du hall. La liberté était là, à quelques mètres seulement.

Je fonçai dessus, Siréna sur mes talons quand l'Exterminateur surgit du réfectoire. Aussitôt, il se planta sur ma route. Jambes écartées, bras croisés, son regard me disait : Tu ne passeras pas...

Je plongeai entre ses jambes et glissai sur le sol dallé. Surpris par mon esquive, l'Exterminateur réagit trop tard. Je m'engouffrai dans la porte et débouchai enfin dehors.

Sans me retourner, je contournai les bâtiments. Je repérai alors l'escalier qui menait au sous-sol. Les élèves ne s'aventuraient jamais par là... jusqu'à aujourd'hui.

Je poussai les lourdes portes métalliques et avançai de quelques pas dans l'obscurité. J'actionnai un interrupteur.

J'étais dans un gigantesque espace vide. C'était un énorme cube de ciment. Je passai devant la chaudière, à la recherche de la seule chose qui pourrait arrêter les fantômes. Les fusibles !

Enfin je les découvris dans une boîte métallique. À l'intérieur, j'inspectai toutes les manettes jusqu'à ce que je trouve celle du compteur principal. Je coupai le courant.

Maintenant, les fantômes ne pouvaient plus se nourrir. L'énergie dont ils disposaient encore allait vite s'épuiser. Cela me laissait du temps pour réfléchir. J'avais conscience que cette solution n'était que temporaire. Des dizaines de personnes, y compris mon meilleur ami, étaient emprisonnées à l'étage, dans l'ordinateur. Je ne pouvais pas laisser l'électricité coupée indéfiniment et m'enfuir. Je devais trouver un moyen de les libérer.

J'allai m'asseoir sur une caisse vide pour réfléchir à mon aise.

Comment pourrais-je m'en sortir sans Ben et ses éclairs de génie ?

Siréna était intervenue une seconde trop tôt. Thor avait enfin atteint l'issue de secours. Et il n'avait pu me confier que le début de la solution.

– La quête commence..., murmurai-je pour moi-même.

Quand ? Le matin ? Le soir ? Peut-être s'agissait-il d'un endroit ?

Je tentai des dizaines de combinaisons possibles.

Soudain, la porte du sous-sol s'ouvrit en grinçant. Une silhouette se découpa dans la lumière qui filtrait du dehors.

– Mike ? appela une voix.

C'était Vickie.

– Par ici ! répondis-je.

Elle referma la porte et vint me rejoindre.

– Je t'ai vu te cacher. Que s'est-il passé ?

– Je croyais que tu étais rentrée chez toi ? m'étonnai-je.

Vickie haussa les épaules et sourit.

– J'étais curieuse, alors je suis restée à l'abri des arbres pour observer... Où est Ben ?

Je secouai la tête l'air abattu.

– Ils l'ont zappé...

– Oh non ! gémit-elle. C'est affreux !

– Thor se trouve lui aussi dans l'ordinateur. Il a

découvert la solution, mais il n'a pas eu le temps de me la donner en entier.

Je lui racontai les derniers événements.

– Tout ça, c'est ma faute... parce que j'ai voulu jouer à ce jeu stupide.

– Mais tu n'y es pour rien, me rassura doucement Vickie. D'après ce que tu as dit, il fallait que ça arrive. D'une certaine manière, c'est une chance que ça soit tombé sur toi. Beaucoup d'autres garçons n'auraient pas eu ton courage. Tu as pris d'énormes risques pour sauver le collège.

Finalement, je n'étais peut-être pas le destructeur du monde...

– Que fait-on maintenant ? demanda Vickie.

Je la regardai, gravement.

– Je dois rétablir le courant et tenter de contacter de nouveau Thor. Mais il faut agir vite... J'aurai besoin de ton aide, si tu es d'accord...

– Allez, doigts de fée, montre-nous ce que tu sais faire, m'encourageai-je, les yeux rivés sur le clavier.

J'étais assis devant l'ordinateur, attendant que le courant revienne. Vickie devait compter jusqu'à cent avant d'enclencher le disjoncteur. J'avais réussi à rejoindre la salle d'informatique sans me trouver nez à nez avec les fantômes.

Mes mains étaient déjà sur le clavier quand la lumière revint. L'ordinateur s'illumina et j'entamai la partie.

Très rapidement, j'atteignis le niveau 5.

– Thor ? Où es-tu ? hurlai-je.

– Mickey !

Sa voix était assourdie, comme venant des profondeurs. Aussitôt, je sélectionnai une capsule et fonçai en direction du cœur. Je savais qu'il s'y trouvait encore.

Thor était bien là. Il nageait à proximité de la porte.

– Thor ! m'écriai-je nerveusement. Tu as le mot de passe ?

– Oui ! hurla-t-il. C'est : La quête...

Je sentis alors une présence dans mon dos.

– Tiens... tu es revenu ?

C'était l'Exterminateur. Un frisson me parcourut l'échine, mais je ne me retournai pas.

– Joue, ricana-t-il. Joue et meurs...

Thor continuait de hurler. Les mots arrivaient entre deux gargouillis, mais je crus comprendre ce qu'il disait.

Ignorant le souffle chaud de l'Exterminateur dans ma nuque, je pressai en même temps les touches CONTROL, ALT et DELETE. L'écran devint noir. Je tapai sans plus tarder la phrase que

m'avait confié Thor : « La quête commence en toi. »
Comme j'appuyai sur ENTER, je vis des étincelles orange qui me frôlaient l'oreille. L'Exterminateur cherchait à me zapper ! Heureusement, il n'avait pas encore assez d'énergie. Je ne ressentis que de légers picotements dans la nuque. Je roulai vivement ma chaise sur le côté, hors d'atteinte, sans quitter l'écran des yeux. Il affichait le logo de *La quête des fantômes*.
Avais-je réussi ? Le virus était-il désactivé ?
Soudain, un vent violent balaya la pièce.
L'Exterminateur poussa un hurlement et se rua en direction de la sortie.
– Non ! gronda-t-il en s'accrochant désespérément à l'encadrement de la porte.
J'empoignai le rebord du bureau pour résister à la soudaine rafale qui me fouettait le visage.
Les papiers et les crayons s'envolèrent, happés par le puissant tourbillon. Une force incroyable aspirait tout à l'intérieur de l'ordinateur.
Tout... y compris moi !

18

L'ASPIRATION FINALE

– Regarde ce que tu as fait ! hurla l'Exterminateur. Tu as déclenché le Vortex ! Il va tous nous engloutir !

« Parle pour toi ! pensai-je. Moi, je reste ici ! »

Agrippé au plateau de la table, je parvins à m'éloigner de la tornade. J'enroulai mes jambes autour du pied du bureau pour assurer ma prise.

L'Exterminateur n'eut pas autant de chance.

La coupure d'électricité l'avait affaibli et la puissance de l'aspiration était effroyable ; avec un cri horrifié, il s'envola à travers la pièce.

Ballotté comme un fétu, il tournoya dans les airs et disparut, englouti par l'écran !

Le tourbillon ne s'arrêta pas pour autant. Une

nuée de créatures s'engouffra dans la salle, happée par le Vortex. Tous les personnages électroniques regagnaient leur univers.
L'ordinateur les absorbait méthodiquement tel un aspirateur géant.
Siréna et Mongo se présentèrent en dernier. Ils gesticulaient dans tous les sens, cherchant à se retenir au mobilier.
– C'est le Vortex ! hurla Mongo.
– C'est de ta faute ! pesta Siréna en me désignant du doigt.
Elle libéra un flot d'étincelles que la puissance de la bourrasque détourna et renvoya contre elle. Ce fut une Siréna crépitante qui disparut à son tour dans les entrailles de l'ordinateur.
Le vent redoubla de violence, couvrant les cris de Mongo.
La tornade faiblit dès que les deux gladiateurs eurent regagné leur univers. Les papiers et les cahiers retombèrent comme des feuilles mortes sur le sol.
Le sifflement de la bourrasque céda la place au silence.
Je poussai un profond soupir, tandis qu'un nuage de fumée se formait à partir de l'ordinateur. « S'il vous plaît, mon Dieu, faites apparaître Ben. Je vous en supplie. »

Le nuage grossit et des formes humaines se dessinèrent à l'intérieur. Les uns après les autres, élèves et professeurs regagnaient le monde réel. Je cherchai Ben parmi la foule.
Une main se posa sur mon épaule. Je me tournai et me trouvai face à de grands yeux marron.
– Ben Hur ! m'exclamai-je, tout excité, en le serrant contre moi.
– Modère donc ton enthousiasme ! murmura-t-il, gêné.
– Je suis si content de te revoir.
– Moi aussi... Que faisons-nous ici ?
– C'est une longue histoire, soufflai-je entre mes dents. Je te raconterai plus tard, quand ils seront partis. Il n'y a pas cours aujourd'hui... à cause d'une coupure d'électricité.
– Super ! répondit Ben avec un sourire réjoui.
Il se tourna vers la salle.
– Vous pouvez rentrer chez vous, annonça-t-il. Il y a eu une panne de courant.
– Apparemment, c'est rétabli, intervint le Grizzly en désignant l'écran de l'ordinateur. Je compte donc sur la présence de tout le monde demain matin.
Il m'adressa un regard sévère.
– Et à l'heure, s'il vous plaît...
– Oui, Monsieur...

La foule quitta la salle. J'en profitai pour reprendre place devant l'ordinateur. J'effaçai rapidement *La quête des fantômes* du disque dur ainsi que sur la disquette.
J'éprouvai un léger pincement au cœur en achevant la manœuvre. Je ne pouvais m'empêcher de penser à Thor. Allait-il se plaire au niveau 5 ? Mais je ne pouvais courir le risque de conserver une version piratée du jeu pour le lui demander.
Ben vint s'asseoir à mes côtés. Pour combler les vides de sa mémoire, je lui racontai mes péripéties durant son absence.
– Nous sommes des héros, Mickey ! lança-t-il en me tapant sur l'épaule.
– Surtout Mike, dit une voix depuis l'entrée.
Vickie s'avança avec un large sourire.
– J'ai vu tous les gens qui sortaient. Tu as réussi. Tu as sauvé l'école.
– Grâce à ton aide. Merci d'avoir attendu au sous-sol pour remettre l'électricité.
Ben regarda l'ordinateur et me fit signe.
– Il y a un message pour toi, je crois...
Des phrases s'inscrivaient lentement sur l'écran.

Cher Mickey,
Merci pour tout, gamin ! Le niveau 5 fourmille de surprises. Je vais bien m'y plaire !

Quant à toi, reste dans la réalité. Ne t'inquiète pas pour moi. Je m'amuse comme un petit fou dans ma capsule... S'il te plaît, n'utilise plus de versions piratées, elles contiennent souvent des virus dangereux !
À bientôt,

Thor

– Incroyable, souffla Ben. Un message qui vient des profondeurs de l'ordinateur.
Je m'adossai à mon siège. Thor était heureux et j'en étais soulagé.
– En tout cas, j'espère que ce contact sera le dernier. Je ne veux plus jamais avoir affaire avec l'autre côté de l'écran.
Vickie se racla la gorge et m'adressa un sourire embarrassé.
– À ce propos, Mike. J'ai un léger problème et je ne sais pas trop à qui m'adresser...
Ben fronça un sourcil.
– De quoi s'agit-il, Vickie ? demandai-je.
– Voilà... Je possède un jeu à la maison. Il s'appelle *La fournaise*. Des personnages combattent des brasiers au centre de la Terre...
– J'en ai entendu parler, dis-je. Et alors ?
Vickie esquissa une grimace.
– Ce n'est pas une version pirate. C'est mon père

qui me l'a rapporté d'un voyage d'affaires qu'il a fait en Asie... Mais, chaque fois que j'atteins le niveau 4, la température monte dans ma chambre...

FIN

EXTRAIT

Et pour t'aventurer encore
dans la

ZONE D'OMBRE

lis
ces quelques pages de

LE FANTÔME DE LA COLLINE HANTÉE

MA RENCONTRE AVEC LE FANTÔME

Mon cœur fit un bond dans ma poitrine. Devais-je descendre, au risque de tomber nez à nez avec un voleur ? Ou bien valait-il mieux me cacher sous mon lit ?

J'en étais là de mes pensées héroïques quand je reçus un sweat-shirt en pleine figure. Celui que je venais d'envoyer dans la panière !

Quelqu'un se trouvait dans la pièce !

Je poussai un hurlement affolé.

Alors le rire résonna de nouveau.

Tous mes poils se hérissèrent. Un souffle glacial venait de caresser ma nuque. J'étais tétanisé, incapable de bouger, congelé, comme pris au milieu de la tempête de neige.

La bourrasque qui sifflait au-dehors me hurlait de prendre la fuite. Hélas, mes pieds étaient soudés au plancher.

– C'est quoi ton problème, mon pote ? souffla une voix dans mon dos. Tu n'aimes pas Elvis ?

– Que... Qui êtes-vous ? bredouillai-je avec difficulté. Co... comment êtes-vous arrivé jusqu'ici ?

– Du calme, gamin ! Une question à la fois...

Le rire retentit de nouveau et, cette fois, je crus défaillir.

– Pourquoi ne te tournes-tu pas ? Tu as la trouille ?

Malgré ma panique, je me tournai lentement en direction de la voix. Peu à peu, je m'habituai à la pénombre et repérai une silhouette accoudée à mon bureau.

C'était un adolescent en blouson de cuir noir. Il curait négligemment ses ongles avec une allumette. Il releva la tête et m'adressa un petit signe amical.

– Salut, mec !

– Que...

EXTRAIT

Je n'arrivais plus à parler. Comment était-il entré ? Ma mère ferme la maison à double tour quand elle sort. Quand était-il monté jusqu'ici ?

– Moi, c'est Buddy... Et toi ? C'est quoi, ton blaze ?

– Pardon ?

Buddy claqua dans ses doigts.

– Ton prénom...

– Julian.

Buddy sifflota, l'air navré :

– Pauvre gars, pas de chance pour toi...

Qui était ce type ? Un sosie d'Elvis ? Il portait un blouson de moto, un T-shirt et un jean élimé. Il avait des mocassins et des chaussettes blanches. Mais le plus bizarre, c'était sa coiffure ! Ses cheveux étaient gominés et ramenés en arrière. Une mèche folle pendait au milieu de son front.

Ses propos n'avaient rien d'effrayant, mais quelque chose en lui me terrorisait. Ses yeux brillaient d'un éclat froid. Ils étaient gris comme une pierre tombale. Et son teint... livide comme celui d'un cadavre.

– Que veux-tu ? dis-je en reculant. Je te préviens, mon père est en bas.

EXTRAIT

Buddy admira ses ongles et sourit :
– Faux... Tu n'as pas de père, mec. Inutile de mentir ! Ce vieux Buddy sait tout. Je ne sais pas comment je le sais, mais je le sais. C'est plutôt bizarre, si l'on considère...
Il s'interrompit pour regarder son allumette et elle s'embrasa aussitôt !
C'était impossible ! Il ne l'avait pas frottée !
– Si l'on considère quoi ? demandai-je.
Buddy souffla sur la flamme.
– Si l'on considère que j'étais un vrai cancre de mon vivant. Tu sais, le gars au fond de la classe près du radiateur...
– De ton... vivant ?
Buddy agita ses doigts devant son visage :
– Eh oui, je suis un *poltergeist*... un fantôme, si tu préfères...
Il sourit, ravi de son effet, et son rictus me glaça jusqu'aux os.
– Et je suis venu te hanter, mec...
Je fis un pas en arrière et tombai à la renverse sur mon lit, tremblant de tous mes membres.
– Non... Je ne te crois pas ! m'exclamai-je.
– Tu n'as donc jamais entendu parler de Buddy

Parker ? Je croyais pourtant être très célèbre... Tout le monde n'a pas embrassé le vieux chêne comme moi...
Il frappa violemment dans ses mains. Clac !
– Tu n'es tout de même pas le fantôme de la colline aux Poules ?
Ce gars mentait comme un arracheur de dents ! Il devait prendre un plaisir malsain à s'introduire dans les maisons pour effrayer les gens... Pourtant... cette pâleur... Sa peau scintillait presque dans la pénombre. Il était blanc comme des cendres.
– Tu aurais dû voir ça, reprit-il sur un ton dégagé. J'étais à fond dans le dernier virage... Cent trente au moins ! La dernière chose que j'ai vu, c'est le tronc d'arbre. Ensuite, bonjour les anges !
– Les anges ? repris-je.
Qu'il se prenne pour un fantôme, passe encore. Mais ce gars n'avait rien d'un ange...
Buddy eut brusquement l'air ennuyé :
– Depuis, je suis ailleurs...
– Tu veux me faire peur, mais ça ne marche pas, dis-je d'une voix tremblante. Emporte ce que tu veux et va-t'en !

EXTRAIT

– Tu ne me crois pas ? Tu me prends pour un braqueur ?

Buddy esquissa un petit sourire narquois :

– Tu devrais montrer davantage de respect envers un fantôme...

Buddy s'avança lentement vers moi. Il était d'une maigreur effroyable et semblait flotter dans ses vêtements. Son regard avait la dureté du silex.

– À ton avis, qui t'a éjecté de ta luge ? Tu allais droit sur le vieux chêne, mec. Crois-moi, tu aurais dérouillé...

– C'est impossible ! Tu n'y étais pas ! protestai-je violemment.

Alors, Buddy claqua dans ses doigts et il disparut ! Ma panière à linge sale s'éleva dans les airs et son contenu se déversa lentement sur le sol.

– Waouh ! Tu devrais changer de chaussettes plus souvent !

Cette fois, la voix de Buddy me parvenait depuis le plafond.

Soudain, le CD qui se trouvait dans ma chaîne traversa la pièce comme un Frisbee ! Je me baissai pour éviter le feu nourri d'objets divers qui

volaient dans tous les sens. Une feuille de papier dansa au-dessus de mon bureau et se transforma en une pluie de confettis.
– Hé ! protestai-je. C'était mon devoir de maths !
Buddy réapparut devant moi. Il arborait un large sourire. Ses gencives étaient très blanches.
– Alors, mec ? Tu me crois maintenant ?
– C'est un rêve ! Tu n'es pas réel !
J'avais crié de toutes mes forces avec l'espoir de me réveiller en sursaut.
Buddy approcha lentement son visage du mien et fit une horrible grimace.
– Ouais ! Je suis ton pire cauchemar...
Il claqua dans ses doigts et éclata comme une bulle de savon. Je poussai un hurlement de terreur. Alors, une main glaciale se referma sur ma cheville. Je fus soulevé dans les airs et traversai ma chambre, suspendu, la tête en bas !
– Arrête ! Lâche-moi...
La fenêtre s'ouvrit avec fracas et une bise glaciale s'engouffra dans la pièce. Mes rideaux claquaient comme les voiles d'un bateau ivre.
Si je rêvais, il était grand temps de me réveiller...
Une force invisible me projetait dehors !

Découvre vite la suite de cette histoire
dans

LE FANTÔME DE LA COLLINE HANTÉE

N° 110 de la série

ZONE D'OMBRE

Impression réalisée sur CAMERON
par BRODARD ET TAUPIN
La Flèche
en février 1998

Imprimé en France
Dépôt légal : Septembre 1997
N° d'Éditeur : 3347 – N° d'impression : 6374T-5